# 叛逆期孩子的正面管教

马丽霞◎编著

中国纺织出版社有限公司

## 内 容 提 要

当孩子处于叛逆期，父母应该如何对待孩子呢？在叛逆期，孩子特别敏感，也常常与父母针锋相对，或者背道而驰，这都会让父母抓狂。陪伴孩子度过叛逆期的唯一秘诀，就是要坚持正面管教。

很多父母都不知道应该如何与叛逆期的孩子相处，本书以正面管教的教育思想为基础，从各个方面阐述了如何对叛逆期的孩子进行正面管教。父母只要掌握正面管教的理念，也真正践行正面管教的方法，就能陪伴孩子顺利度过叛逆期，让孩子身心健康地快乐成长。

**图书在版编目（CIP）数据**

叛逆期孩子的正面管教／马丽霞编著．－－北京：中国纺织出版社有限公司，2021.7
ISBN 978-7-5180-8368-8

Ⅰ．①叛… Ⅱ．①马… Ⅲ．①儿童教育—家庭教育 Ⅳ．①G782

中国版本图书馆CIP数据核字（2021）第022920号

责任编辑：张 羽　责任校对：高 涵　责任印制：储志伟

中国纺织出版社有限公司出版发行
地址：北京市朝阳区百子湾东里A407号楼　邮政编码：100124
销售电话：010—67004422　传真：010—87155801
http://www.c-textilep.com
中国纺织出版社天猫旗舰店
官方微博http://weibo.com/2119887771
三河市宏盛印务有限公司印刷　各地新华书店经销
2021年7月第1版第1次印刷
开本：880×1230　1/32　印张：7
字数：121千字　定价：39.80元

凡购本书，如有缺页、倒页、脱页，由本社图书营销中心调换

# >>> 前言 <<<

说起叛逆期的孩子,很多父母都心有余悸。他们既忘不了孩子在此之前做出的一些叛逆举动,也忘不了与孩子之间发生的各种冲突,甚至因此而惧怕面对叛逆期的孩子,恨不得孩子能够从叛逆期一跃而过,从孩童直接进入成年。叛逆期在孩子成长的过程中是非常重要的,毕竟只有经历了叛逆期的个性化发展之后,孩子才能从儿童进入成年,所以也可以说,叛逆期是孩子在童年和成年之间的过渡期。叛逆期的成长,对孩子的一生都将起到深远的影响。也将决定孩子未来人生的模样。

如果父母把叛逆期的孩子视为魔头,对于孩子的一切行为都给予指导,那么父母就会怀着排斥和抗拒的态度对待孩子。他们非但不愿意尊重和理解孩子,反而只想批评和指责孩子;他们非但不愿意引导和打磨孩子,反而只希望大刀阔斧对孩子进行雕刻,让孩子能够在最短的时间内成为他们所期望的模样。这是不可能实现的。

当父母进入这样的心理误区,不妨想一想新生命在呱呱坠地之后发出那一声声清脆的啼哭时,自己作为父母是多么激动;也可以想一想孩子在蹒跚学步刚刚能够独立行走第一步的时候,自己作为父母又是怎样地欢呼雀跃;还可以想一想孩子在人生中经历若干个第一次时的情形,自己作为父母怀着怎样

 叛逆期孩子的正面管教

欣喜的心情将这些第一次都看成是孩子成长的里程碑，从来不愿意错过孩子的每一个第一次，总是拼尽全力地支持和鼓励孩子。如果孩子摔倒了，我们会小心翼翼地呵护他们站起来继续前行；如果孩子犯错误了，我们会耐心地给他们讲道理，告诉他们哪些事情是对的、哪些事情是错的，引导他们在将来做得更好。我们忍着心痛对孩子放手，明知道孩子会摔倒，但却想让孩子在几次或者是几十次摔倒之后，能够独立走得更好。这是我们教育孩子的初心，这也是我们爱孩子细碎的表现。那么，为何在孩子进入叛逆期之后，我们把这一切统统都忘记了呢？

如果父母始终对孩子怀有毫无功利性的、真诚纯粹的爱，那么与孩子的相处就会大为改观，对孩子的教育也会更加有效。遗憾的是，现代社会中很多父母都陷入了教育焦虑状态，他们对孩子怀有殷切的希望，甚至会对孩子提出过高的要求，而丝毫没有想到孩子承受了多么大的压力，又被剥夺了多少快乐。他们只想让孩子在最短的时间内成为他们所期待的样子，却忘记了孩子的成长是一个漫长的过程。

也有一些父母把对幼小孩子的爱一直延伸到了孩子的叛逆期，他们明知道孩子各方面的能力已经开始发展，却依然不愿意对孩子放手，而是继续事无巨细地照顾孩子，代替孩子做出所有决定。当孩子遇到困难的时候，他们一马当先冲出去为孩子承担责任，代替孩子去给他人道歉，这样的所作所为最终剥夺了孩子成长的能力，也使孩子变得越来越依赖父母。直到

# 前言

有一天，孩子长大成人之后，年迈的父母又抱怨孩子没有感恩之心，不能支撑起整个家庭。这个责任难道要全都归咎于孩子吗？这对孩子当然是不公平的。

孩子最终成长了什么模样，一方面取决于他们的天性和本性，一方面也取决于父母对他们的教育和引导。所以说，孩子既是天然的生命，也会呈现出父母教育雕琢之后的模样。从某种意义上来说，父母的教育对孩子的成长起到了更为决定性的作用。

在漫长的人生中，青春期是一个重要的成长阶段。孩子只有顺利度过青春期，在青春期完成个性化发展，在长大之后才会真正拥有独立的个性，也拥有全面发展的能力。然而，大多数父母在面对青春期的孩子时都很迷茫和困惑，也因为过于急躁等主观上的原因而导致孩子在成长过程中陷入困境。本书将帮助父母们认识和了解青春期孩子的各种表现，也探究孩子在叛逆行为背后隐藏的心理动机和心理需求。只有深入孩子的内心，我们才能真正了解孩子，也才能给予孩子更多的帮助。

在坚持正面管教的前提下，我们要和善坚定地对待孩子，并且要常常鼓励孩子。孩子一生的路很长，我们既然想把孩子送上一程，给孩子铺垫人生道路的基础，就应该坚持对孩子进行正面管教。不管孩子做出怎样的举动，我们都要给予孩子足够的耐心、尊重、理解和信任，尤其是要为孩子营造良好的家庭氛围，这样才能在潜移默化中对孩子起到积极的影响。

翻开了这本书，如果你曾经是一个铁腕父母，那么就要从

叛逆期孩子的正面管教

现在开始积极地改变。虽然改变很难,但是改变必须进行。不要担心改变太晚,因为不管什么时候进行改变,都比对自己错误的教育方式无知无觉和拒绝改变更好。从现在开始,就给孩子更多的空间吧,让孩子自由地成长,让孩子感受到父母的尊重和爱,孩子才能变成苍鹰,在属于自己的辽阔高远的天空中翱翔。

编著者<br>2020年11月

# 目录

第一章 认识孩子成长过程中的三大叛逆期…………… 001
　　　我不，我不，我不 ………………………… 002
　　　这是我的 ………………………………… 005
　　　妈妈，我不要你送我上学 ………………… 008
　　　爸爸，你能不能别再管我了 ……………… 010
　　　孩子突然变得爱美了 ……………………… 013
　　　孩子为何沉默寡言 ………………………… 016
　　　孩子喜欢把自己关在房间里 ……………… 018
　　　孩子总是与父母针锋相对 ………………… 021

第二章 捕捉孩子进入青春期的讯号，给孩子更多尊重与
　　　理解 ………………………………………… 025
　　　十几岁的孩子和你梦想中的截然不同 …… 026
　　　孩子进入青春期，你要读懂自己的感受 … 029
　　　承受养育叛逆期孩子的压力 ……………… 032
　　　帮助青春期的孩子进行自我定位 ………… 034
　　　你要知道青春期的孩子正在经历什么 …… 038

叛逆期孩子的正面管教

| 第三章 | 当孩子处于叛逆期，营造良好的家庭氛围很重要 | 041 |
| --- | --- | --- |
| | 重视孩子与同龄人的关系 | 042 |
| | 承担起父母的职责 | 045 |
| | 尽管很难，你要改变养育的方式 | 048 |
| | 坚持和善而坚定地养育孩子 | 052 |
| | 营造民主平等的家庭氛围 | 054 |
| | 给予孩子充分的尊重 | 057 |
| | 让孩子参与制定规则 | 060 |
| | 召开家庭会议，鼓励积极表达 | 063 |

| 第四章 | 在坚持正面管教的家庭中，身教大于言传 | 069 |
| --- | --- | --- |
| | 以身作则，给孩子做好榜样 | 070 |
| | 让孩子自己处理兄弟姐妹间的矛盾 | 073 |
| | 积极地寻求帮助，与孩子合作 | 078 |
| | 和孩子一起制订计划，合理安排生活 | 080 |
| | 激发孩子的兴趣，培养孩子的爱好 | 085 |
| | 和孩子一起专注于解决问题 | 089 |

| 第五章 | 无条件接纳和深爱孩子，为孩子营造充满爱和自由的环境 | 093 |
| --- | --- | --- |
| | 向孩子传递爱的信息 | 094 |
| | 站在孩子的角度看待问题 | 095 |
| | 进行改变练习，给孩子更好的亲子相处体验 | 098 |

# 目录

做有利于孩子的事情，让别人说去吧 …………… 101
适度期待孩子，不强迫和苛求孩子 …………… 105

第六章 搭建良好的亲子沟通渠道，与孩子心意相通…… 109
倾听孩子，对孩子怀有强烈好奇 …………… 110
多多鼓励孩子，切勿羞辱孩子 …………… 114
学会批评的艺术 …………… 117
赞美，永远都会受到孩子的欢迎 …………… 121
引导孩子进行自我评价 …………… 124

第七章 孩子的成长是不可逆的，请多多陪伴孩子……… 129
寻找有效的方法和孩子共度特别时光 …………… 130
与孩子相处，学会"暂停" …………… 133
着眼于孩子的优点 …………… 137
陪伴是最长情的告白 …………… 139
偶尔放过孩子的"不良行为" …………… 142

第八章 叛逆期怎能不犯错，正确对待孩子的错误……… 147
对身处困境的孩子伸出援手 …………… 148
告诉孩子错误也是契机 …………… 152
教会孩子承担责任 …………… 155
自然后果和逻辑后果 …………… 159
先假定孩子是无辜的 …………… 163

第九章 透过现象看本质，透过行为洞察孩子的心理动机
与需求……………………………………………… 169
别让孩子孤独地成长 …………………………… 170
恃强凌弱为哪般 ………………………………… 174
孩子早恋的行为表现和心理动机 ……………… 178
不要让离家出走成为家的噩梦 ………………… 182
重视孩子的饮食紊乱现象 ……………………… 186

第十章 避开正面管教的误区，让教养卓有成效………… 191
不要骄纵宠溺孩子 ……………………………… 192
对待孩子的态度切勿摇摆不定 ………………… 196
给孩子解释的机会 ……………………………… 200
不要煽起孩子的叛逆之火 ……………………… 203
尊重和保护孩子的隐私 ………………………… 208

参考文献 ……………………………………………………… 214

# 第一章 认识孩子成长过程中的三大叛逆期

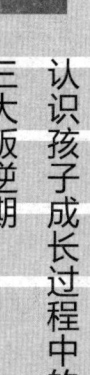

孩子在成长的过程中要经历三大叛逆期。第一个叛逆期是宝宝叛逆期，在两岁到三岁之间。在这个期间，孩子把自己与外部世界独立开来，自我意识逐渐增强。第二个叛逆期位于七岁到九岁之间，叫成长叛逆期。在这个时期里，孩子越来越渴望独立。第三个叛逆期是青春叛逆期，这也是人生中最长的叛逆期，在十二岁到十八岁之间。在这个叛逆期里，孩子要经历心理上的断乳期，逐渐脱离父母，走向独立。这个叛逆期对于孩子的成长是至关重要的。要想陪伴孩子顺利地度过青春叛逆期，就要尊重孩子，平等对待孩子。在此基础上，还要坚持正面管教，才能更好地教养孩子。

叛逆期孩子的正面管教

## 我不，我不，我不

周末，妈妈带着可可去超市里采购。在超市里，妈妈让可可尝试一个新玩具，但是可可却还想玩他已经玩了很多次的轨道车。因而他挣脱妈妈的手，嘴里说着"我不，我不"，就迈开脚步，朝着自己喜欢的轨道车走去。妈妈感到很无奈："你这个家伙是怎么回事儿？这个玩具可是最新的样品，新鲜有趣，还很富有创意，还有益智呢！你每次来都只知道玩轨道车，轨道车到底有什么好玩儿的呢？"妈妈嘀嘀咕咕地说着，可可已经走到了轨道车旁边，高兴地玩了起来。

到了食品区，妈妈想为可可买平日里喝的纯牛奶，这个时候，可可却摆摆手说"我不喝，我不喝"，原来，他看到了旁边的货架上摆放着一款新牛奶，是蜜桃味道的，所以很想喝新口味的牛奶。虽然妈妈不愿意给可可喝调味奶，但是可可对蜜桃味儿的牛奶显然特别感兴趣。他把妈妈塞到他手里的纯牛奶放到货架上，说着"我不，我不"，就拿起了最新口味的牛奶。这个时候，促销员赶紧倒了一杯新口味的牛奶给可可品尝。只见可可喝得津津有味，妈妈无奈地笑了起来。

孩子在到了两岁多之后，对爸爸妈妈的安排就不会再言听计从了，这是因为他们越来越有主见，他们想要按照自己的心意去做一些事情。当孩子对父母说出"我不"的时候，父母

# 第一章
## 认识孩子成长过程中的三大叛逆期

可不要误以为孩子不听话。实际上，这正是孩子自我意识发展的表现，也是孩子成长的证明。爸爸妈妈要为此而感到欣慰，也要抓住这个机会引导孩子发展自我意识，培养孩子的独立个性。

很多父母原本以为孩子到了两岁之后会越来越省事，只要照顾孩子吃喝拉撒，孩子就能自己玩。但是等到孩子真正到了两岁之后，他们才发现比起小时候，两岁多的孩子更难养育。

这是为什么呢？原来，孩子在两到三岁之间会进入宝宝叛逆期。所谓宝宝叛逆期，指的是孩子在此期间会把自己与外部世界区分开来，认识到自己是一个独立的生命个体。在此过程中，他们的自我意识不断增强，这使得他们不愿意再凡事都听从父母的安排。尤其是物权概念的形成，使得他们对于很多东西都会感到新鲜有趣，还会一厢情愿地认为那些好东西都是属于他们的。这么大的孩子还并不能完全区分物权，换而言之，他们在物权概念的形成初期只有自我的概念。这使得孩子在看到一切好吃的、好玩的东西之后，第一时间就会将其据为己有，而不会去想这些东西到底是不是他们的。正因为如此，在幼儿园小班，很多父母才会因为孩子常常把班级里其他同学的东西拿回家里而烦恼，也会因此而批评孩子，甚至指责孩子。父母要意识到，两岁多的孩子并不知道这些东西是属于他人的，他们想占有一样东西的理由非常简单，那就是只要他们喜欢这样东西，他们就会把这样东西据为己有。

面对两岁多的孩子，爸爸妈妈还会发现孩子变得越来越小气。以前，孩子不管有什么好吃的、好玩的，都愿意和小朋友分享，但是现在他们并不愿意和小朋友分享任何东西，这又是为什么呢？尤其是当爸爸妈妈要求他们分享的时候，他们往往一连声地说着"这是我的，这是我的"或者"我不，我不"。他们以这样的方式拒绝爸爸妈妈。看到孩子不但变得越来越小气，而且还特别不配合，爸爸妈妈未免着急。

在这个阶段里，爸爸妈妈要认识到孩子身心发展的特点，从而给予孩子更好的引导和帮助。例如，当孩子把他人的东西占为己有的时候，爸爸妈妈不要急于指责孩子，而是要帮助孩子区分我的和他人的概念，这样才能让孩子不再占有他人的东西。当安排孩子做一些事情，孩子却以"我不，我不"来表示拒绝的时候，爸爸妈妈也不要指责孩子，对于孩子而言，这正意味着他们的成长。所以父母要为此而感到欣慰，而不要批评和否定孩子。只有对孩子加以引导，孩子才能顺利度过宝宝叛逆期。

在陪伴孩子成长的过程中，爸爸妈妈应该尊重孩子的意见。例如，两三岁的孩子就会决定自己吃什么、不吃什么。虽然父母从营养均衡的角度考虑，为孩子准备了各种各样的美食，但却要尊重孩子的喜好，而不要强求孩子。如果孩子真的很排斥某种食物，还可以以其他的食物来替代这种食物的营养素，同样能够保证孩子身体健康。

孩子在爱与自由中成长，他们的自我意识会发展得越来越

# 第一章
## 认识孩子成长过程中的三大叛逆期

好,他们会认识到自己的成长离不开爸爸妈妈的帮助,也会认识到自己是有一定主权的。在此基础上,他们才能成长为人格独立、行为自主的人。

## 这是我的

每到周末,小姨就会带着表弟帅帅来找可可。帅帅只比可可小几天,所以和可可是从小玩到大的小伙伴。他们既是兄弟又是朋友,还是彼此最亲密无间的伙伴呢!每当看到帅帅来家里,可可总是把自己所有好吃的、好玩的都拿出来和帅帅分享。帅帅呢,也会带来一些礼物,和可可一起吃一起玩。看着兄弟俩其乐融融的样子,妈妈和小姨都感到很欣慰。

这个周末,可可正好有一个新的玩具汽车,是爸爸出差的时候给可可买的。可可最喜欢这个玩具汽车了。看到帅帅来了,可可马上把遥控汽车拿出来给帅帅看。帅帅看到遥控汽车也觉得很新鲜,当即伸出手去想摸一摸遥控汽车。这个时候,可可马上把遥控汽车藏在身后,对帅帅说:"这是我的,我的!"帅帅看到可可一反常态,不愿意和他一起玩遥控汽车,马上伤心地哭了起来。听到帅帅的哭声,妈妈和小姨过来查看情况,得知事情的原委,妈妈忍不住责怪可可:"可可,你怎么这么小气呢!你可是哥哥呀,要招待好帅帅小客人。你这么小气,以后帅帅和小姨再来家里玩的时候,就不会给你带玩具

叛逆期孩子的正面管教

和零食了。"

可可对于妈妈的话充耳不闻，赶紧跑到房间里，把遥控汽车藏到了谁也不知道的地方。帅帅因为没有玩到遥控汽车，整个上午都闷闷不乐。小姨在吃完午饭之后很快就带着帅帅告辞了。等到小姨走了之后，妈妈又批评可可："可可，你要和帅帅一起玩玩具。你看，小姨还给你买了一个新的变形金刚呢！你这个样子，小姨下次就不会给你买玩具了。"这个时候，可可不知道从哪里把遥控汽车拿了出来。他拿着遥控汽车得意地说："这是我的，我的！"看着可可小财迷的样子，妈妈无奈地摇了摇头。

在孩子小时候，很多父母都感到惊讶，因为孩子并没有出现明显的爱护食物或者玩具的行为，这让爸爸妈妈误以为孩子是大方慷慨的。实际上，等到两岁多之后，爸爸妈妈就会发现孩子非常喜欢说"我的"，而且他们对于自己的东西或者是对于自己喜欢的但却属于他人的东西，总是会不讲道理地据为己有，根本不愿意与别人一起分享。孩子为什么会出现如此明显的改变呢？

在两三岁期间，孩子的自我意识和物权意识渐渐地形成。在形成物权意识的初期，孩子并不能区分某个东西是属于他们的，还是属于别人的，而只会因为自己喜欢某件东西，就认为某件东西是属于他们的。由此可见，孩子们区分物体归属的标准是唯一的，就是自身的喜好。在这种情况下，他们如果很喜欢某一个玩具或者很喜欢吃某种食物，就不愿意与他

# 第一章
## 认识孩子成长过程中的三大叛逆期

人分享。

有些爸爸妈妈会强求孩子分享，希望孩子能够表现得慷慨大方。在这个阶段里对孩子提出这样的要求，未免强孩子所难了。其实，爸爸妈妈无需强求孩子，而是侧重于引导孩子形成物权意识。孩子只有知道哪些东西是属于自己的、哪些东西是属于他人的，才能更准确地区分东西的归属，才能真正形成分享的意识。如果孩子压根不知道东西是属于谁的，那么他自然也就谈不上把这些东西分享给他人。

对于孩子据为己有的东西，父母不要强硬地夺取下来，而是要引导孩子区分东西的归属，也要循序渐进地帮助孩子形成分享的意识。如果家里的孩子比较多，或者是想和亲戚朋友家的孩子一起玩，那么在为孩子选购玩具或者是小零食的时候，我们可以多买一份玩具或者是小零食，这样就能避免了孩子争夺。在此情况下，还可以引导孩子交换着玩不同的玩具，渐渐地孩子就会形成分享意识。

总而言之，孩子并非天生就喜欢分享，而是天生就有趋利避害的本能。每个孩子都会自主地维护自己的利益，都希望自己拥有更多美好的东西。父母必须有足够的耐心对待孩子，与其强求孩子，不如对孩子晓之以理，动之以情，以实际的行动告诉孩子其中的道理，从而引导孩子表现得更好，这才是对孩子的成长最有利的。

 叛逆期孩子的正面管教

## 妈妈，我不要你送我上学

琪琪正在读小学三年级，最近这段时间，妈妈发现琪琪有了非常明显的改变。原本，琪琪总是缠着妈妈，喜欢和妈妈腻在一起，因为琪琪从小是由妈妈带大的。但是最近这段时间，琪琪却一反常态，她不愿意再和妈妈亲密相处。每到周末，妈妈想带着琪琪一起去看电影，琪琪都会拒绝。她只想留在家里看书或者是看电视，哪怕是去看电影，也不想和妈妈一起去，而是想和同学一起去。看到琪琪这样的改变，妈妈未免有些失落。

有一天早晨上学的时候，琪琪突然提出："妈妈，我可以自己去上学吗？"听到琪琪的话，妈妈感到很惊讶。她对琪琪说："你怎么能自己去上学呢？咱们家到学校要经过两个十字路口，早晨车流量很大，妈妈很担心你的安全。"琪琪想了想说："没关系的，我自己会注意红绿灯过马路。"妈妈显然还有很多疑虑，琪琪为了说服妈妈，真诚地说："妈妈，我们班好几个同学都自己上学，我已经长大了，我都跟你一样高了呢，我也能自己上学。"

妈妈忍不住笑着说："你这个孩子，你就算跟我一样高，你也是小孩子呀。你才上三年级呢，妈妈怕你自己过马路不安全，也怕你遇到坏人。"在琪琪的再三保证下，妈妈终于答应让琪琪自己去上学，不过妈妈要先对琪琪进行安全测试。直到琪琪顺利通过了安全测试之后，妈妈悬着的心才略微放

# 第一章
## 认识孩子成长过程中的三大叛逆期

了下来。

孩子在三四年级期间，自我意识越来越强，他们正在经历成长叛逆期。在此期间，孩子最明显的表现就是原本他们想恨不得自己能成为爸爸妈妈的小尾巴，每时每刻都跟在爸爸妈妈身边，但现在却不愿意再成为爸爸妈妈的小尾巴，而只想独立活动。追求形式上的独立，是这个阶段孩子成长的显著特点，父母要抓住这个阶段，引导孩子走向独立。

现实生活中，很多父母总是担心孩子不安全，怕孩子遇到坏人，或者是在道路交通中受到伤害。实际上，一直对孩子不放手，会导致孩子这方面的能力始终得不到发展。父母只有借此机会积极地发展孩子相关的能力，培养孩子的独立性，孩子才能渐渐地脱离父母的保护，走向更独立的未来。

当孩子提出要求，不想让爸爸妈妈送自己上学的时候，爸爸妈妈可以在保证孩子安全的情况下，允许孩子独立上学或者是放学。当然，在此之前，父母要注重对孩子进行安全教育，提升孩子的安全意识，或者是对孩子进行各方面的培养和训练，这样做才能帮助孩子在成长的过程中有更好的表现。

可怜天下父母心，如果父母真的不放心马上对孩子放手，那么可以采取循序渐进的方式。例如，可以先让孩子进行短途的自由活动，安排让孩子去超市给爸爸妈妈购买一些日常用品。爸爸妈妈可以偷偷地尾随在孩子的身后，在孩子不知情的情况下保护孩子。再如，可以对孩子进行安全知识的传输，教培养孩子的安全意识，也可以对孩子进行安全测试，这些都能

叛逆期孩子的正面管教

够有效地提升孩子的自我保护能力。

总而言之,孩子并非生而独立。他们从一生下来就依靠父母的照顾才能生存,在不断成长的过程中,他们对于自身的能力并没有明确的认知。为了让孩子从依赖父母走向独立,父母应该成为孩子的引导者,既要保护好孩子,又要对孩子适时放手,从而循序渐进地培养孩子的独立能力。渐渐地,孩子就能真正成为独立自主的人。

现实生活中,很多父母总是羡慕别人家孩子自理能力强,不管做什么事情都能独立去做,而抱怨自己家的孩子什么都不会,处处都需要依靠父母。实际上,之所以出现这样的情况,责任并不完全在于孩子身上。大多数孩子的依赖性很强,是因为他们没有得到机会去锻炼,也没有得到机会去成长,最主要的原因出在家庭教育上,是父母对孩子不舍得放手导致的。

放手是对孩子最好的爱,每一个父母教育孩子的终极目的就是希望孩子能够独立地面对人生,所以我们只有早早对孩子放手,孩子才有机会在生命的历程中经历风雨,勇往直前。

## 爸爸,你能不能别再管我了

五一长假到了,有三天的假期,虽然只比平日的周末多一天,但是大家还是感到非常开心。和往常一样,爸爸策划全家出游,但是乐乐对此却并不兴奋,和以往每当听到要出去旅

# 第一章
## 认识孩子成长过程中的三大叛逆期

游就兴奋得又蹦又跳相比,这次乐乐显得非常深沉。爸爸纳闷地问:"乐乐,乐乐,你想去哪里玩啊?你怎么不发表意见呢?"乐乐对爸爸说:"爸爸,我只想自己去玩。你跟妈妈能不能给我一点经费,我自己去玩儿呢?"听到乐乐的话,爸爸把头摇得和拨浪鼓一样:"那怎么行呢?你现在才上四年级,才10岁呀。你要是遇到坏人,根本就不能保护好自己。"

乐乐对爸爸的话不以为然:"世界上哪有那么多坏人呀!在你们大人眼里,每个人都是坏人,其实还是好人多。"爸爸语重心长地对乐乐说:"爸爸不否认这个世界上还是好人多,但是爸爸不能拿你去冒险呀!万一你遇到坏人就回不了家了,爸爸妈妈就再也见不到你了,这个结果可是爸爸妈妈不能承受的。"

听到爸爸说出心里话,乐乐很理解爸爸,他说:"那这样吧。我不走远,我就早上出去玩,下午回来,好不好?"爸爸看了看妈妈,妈妈坚决不同意。被爸爸妈妈反对之后,乐乐就像霜打了的茄子一般,蔫头耷脑地回到房间里。

爸爸妈妈经过商议,决定让爸爸带着乐乐去游乐场玩。爸爸去房间里对乐乐说:"乐乐,这样吧,爸爸知道你想去游乐场玩,爸爸陪你去游乐场,让妈妈在家休息,好不好?"乐乐沉思片刻,回答道:"不行。如果你跟我出去玩,我还是留在家里吧。"听到乐乐这样的回答,爸爸感到非常纳闷。他百思不得其解,反复地询问乐乐:"这是为什么呢?你为什么要留在家里呢?"

011

叛逆期孩子的正面管教

乐乐不愿意说出原因，爸爸却一直在追问。在爸爸的追问下，乐乐终于忍不住说："爸爸，你能不能别再管我了。"听到乐乐的请求，爸爸更疑惑了："你这个孩子是不是傻了？我不管你谁管呢，你不让我管，让谁管呢？在这个世界上，只有爸爸妈妈才是你最亲的人，难道你才上四年级才十岁就不让我们管了？"

乐乐嘟着嘴巴说："虽然我需要你们管，但是我并不希望你们管我哪一件事情。我已经长大了，我可以独立去做很多事情。我们班级里有同学还独立去外地旅游呢。虽然有些危险，但是我想我会小心的。我现在又不是要去外地，我只是要去外面玩一天，傍晚就会回来，而且我还带着手机随时跟你们联系，你们为什么不能答应我呢？"

在乐乐的质问下，爸爸沉思良久，才说："儿子呀，看来你真是长大了，都不需要爸爸妈妈陪在你身边保护你了。既然你很想独立去做一件事情，爸爸也是很愿意锻炼你这方面的能力的。不如这样吧，你就出去玩一天，带着手机打开定位，让爸爸妈妈知道你的行踪，好不好？"乐乐高兴得一蹦三尺高。

爸爸把乐乐的表现告诉了妈妈，妈妈纳闷不已，说："去年，乐乐还像一个小跟屁虫一样黏着我们呢，想把他甩掉都很难，现在却不愿意跟我们一起出去玩了，孩子长大可真快啊！"

八九岁的孩子不愿意父母再事无巨细地管着他们，他们更愿意主动去做很多事情。有的时候，他们明明想做一件事情，但是一旦听到要跟父母一起去做，就会迟疑不决。父母应该理

# 第一章
认识孩子成长过程中的三大叛逆期

解孩子这样的心理感受，要知道孩子之所以这样做，并不是嫌弃父母，而是因为他们的自我意识在发展。

那么，父母面对八九岁的孩子，不要抱怨孩子疏离父母，还要给孩子提供更多的机会，培养孩子的独立性。孩子只有走向独立，他们在各方面的表现才会更好。如果孩子始终不能独立去做一些事情，那么他们各个方面的表现就会非常糟糕。父母教养孩子的终极目标是希望孩子能够自立，既然如此，为何不早一点对孩子放手，这样既能满足孩子自立的需求，又能让孩子有更好的成长表现。

有的时候，并不是孩子离不开父母，而是父母离不开孩子。现实生活中，大多数父母一听说孩子要离开自己的身边去做一些事情，就会非常担心。当孩子不在身边的时候，他们提心吊胆，生怕孩子出现任何意外和危险。父母对孩子的担心当然是情有可原的，但是这样的担心并不能真正地解决问题。明智的父母会给予孩子更多的理解和帮助，也会教孩子在成长过程中更好地保护自己，这才是解决问题的根本之道。

## 孩子突然变得爱美了

上了初一之后，妈妈发现刘瑞突然变得爱美了。在小学阶段，即便妈妈每天都催促刘瑞要早早起床，洗漱干净，晚上也催促着刘瑞洗澡，但是刘瑞却总是不配合。然而进入初一才十

 叛逆期孩子的正面管教

几天,刘瑞就像变了一个人一样,每天早晨他都早早起床,不但会洗刷牙洗脸,而且还会洗头呢。

有一天,刘瑞对妈妈说:"妈妈,你可以帮我买一个摩丝吗?"听到刘瑞的话,妈妈惊讶极了,她反问道:"你要摩丝干什么?"刘瑞说:"摩斯当然是用来打理发型的。"妈妈问:"学校里允许用摩丝吗?"刘瑞点点头说:"我看到有同学用的。"就这样。妈妈为刘瑞买了一瓶摩丝。

为了打理出满意的发型,刘瑞每天早上都早起半个小时,以往最爱睡懒觉的他现在虽然早起了半个小时,却显得精神抖擞。看到刘瑞为了爱美都不顾睡懒觉了,妈妈既感到欣慰又有些担心。

爸爸出差回来之后,妈妈把刘瑞的表现告诉了爸爸,爸爸当即沉思着说道:"孩子突然之间变得爱美,一定是有状况了。会不会早恋了呢?"妈妈否定了爸爸的话:"孩子才开学十几天,怎么就会早恋了呢?难道你觉得你儿子的魅力有这么大?"

后来,爸爸妈妈一直留心观察刘瑞的变化,发现刘瑞不但非常注重发型,而且每天都换洗衣服,晚上按时洗澡。看到刘瑞每天都精神抖擞的样子,爸爸妈妈尽管心中有些疑虑,却也感到非常高兴。

很多父母都不知道孩子进入青春期是以什么为标志的,实际上孩子进入青春期的表现是非常多的。有些孩子进入青春期之后心情烦躁,很容易发怒;有些孩子则心情愉快,开始注重

# 第一章
认识孩子成长过程中的三大叛逆期

自己的形象,希望能够赢得他人的认可和赏识,也希望能够得到异性的关注。

对于孩子突然出现的这种转变,父母不要感到惊慌,这是孩子进入青春期的一个明显标志。如果说孩子在小学阶段是懵懂,并不知道爱美,那么在进入青春期之后,他们就会更加爱美,即使并没有早恋,他们也非常注重自己的形象。父母要对孩子因势利导,让孩子知道形象固然重要,内外兼修的美更加重要,从而引导孩子既注重打造外在形象,也注重提升内在修养。

很多父母一旦看到孩子爱美,就会认为孩子早恋了,实际上这是对于孩子的误解。青春期的孩子即使没有早恋的苗头,也非常爱美,所以父母要支持孩子打造自身的良好形象,这样才有助于帮助孩子顺利地度过青春期。

当父母能够理解孩子爱美之心,也能够多多支持孩子爱美,那么,孩子就会更加喜欢与父母之间进行沟通和交流。这对于增进亲子关系,开展良好的青春期教育,是非常有益的。

每个孩子进入青春期的表现是不同的,有的孩子进入青春期之后,心理成熟得比较晚,所以他们对于自己的形象不太重视;有的孩子心理成熟得比较早,所以他们会更重视自己的形象。不管孩子表现出哪种倾向,父母都要多多理解和尊重孩子,坚持对孩子正进行正面管教,切勿对孩子爱美的行为表现出冷嘲热讽的态度,也不要因为各种原因而挖苦讽刺孩子,否则就会伤害孩子的内心。青春期的孩子内心是非常敏感的,有

015

叛逆期孩子的正面管教

的时候父母一句无心的话就会在他们内心掀起涟漪，所以父母要真正做到尊重和平等对待孩子，才能与孩子建立良好的亲子关系。

## 孩子为何沉默寡言

进入初二之后，原本活泼开朗的刘瑞突然变得沉默寡言。爸爸从网络上看到关于抑郁症的新闻，非常担心刘瑞的心中是否承受了过大的压力，或者出现了一些改变。为此，爸爸特意找到刘瑞谈心，但是刘瑞显然不愿意和爸爸谈心。不管爸爸问他什么问题，他都以"嗯"这个简单的字应付爸爸。看到刘瑞消极地对待交流，爸爸更加担心了。

爸爸把自己的担心告诉了妈妈，妈妈对此也非常重视。后来，妈妈又找机会和刘瑞沟通，但是刘瑞还是非常被动。最终，爸爸妈妈决定咨询心理医生。当然，他们并不想惊动刘瑞。他们在朋友的介绍下特意找到一个心理医生进行咨询，介绍了孩子的情况。经过他们详细的介绍，医生判断刘瑞并没有心理问题，而只是因为进入了青春期，所以不想与父母交流。心理医生说，很多青春期孩子都不像小时候那样特别开朗和外向。

在心理医生的一番解释下，爸爸妈妈悬着的心终于放了下来。虽然刘瑞并没有心理问题，但是医生还是叮嘱爸爸妈妈：

# 第一章
## 认识孩子成长过程中的三大叛逆期

青春期孩子正处于特殊的成长阶段，他们的身心都处于急速的发展之中，因为学业任务很重，人际交往的压力也很大，所以他们会有很多困惑。作为父母，一定要理解和尊重孩子，这样才能帮助孩子走出青春期的困惑，实现健康快乐地成长。

孩子小时候，很多父母都因为孩子说话多感到厌烦，有的时候父母不需要询问，孩子就会主动地向父母诉说各种事情。在这种情况下，父母难免会觉得孩子啰嗦和唠叨。然而，等到孩子渐渐长大，进入了青春期，父母们就会发现孩子似乎在一夜之间长大成人了，他们不愿意再向父母敞开自己的心扉，也不愿意再事无巨细地向父母汇报。即使父母有的时候询问他们一些事情，他们也会以沉默应对，而不愿意与父母多多沟通。

这是因为进入青春期之后，孩子的身心快速发展。如果说在小学阶段，孩子们是无忧无虑的，很少思考那些复杂的问题，那么在青春期孩子的思考能力则越来越强。他们很想思考那些复杂的问题，也想通过探究这些问题来反省自己的内心，从而加深自己对于人生的理解。在这种情况下，父母不要对孩子采取否定的态度，也不要总是对孩子提出过多的要求。父母只有尊重孩子，才能打开孩子的心扉。

在教育孩子的过程中，父母不管采取怎样的家庭教育，都要建立在尊重孩子，与孩子平等沟通的基础上。如果父母从来不尊重孩子，也不能与孩子建立顺畅的沟通渠道，那么家庭教育就无法开展。父母应该意识到，亲子沟通始终都是很重要的。

面对沉默寡言的孩子，父母一味地询问或者强求孩子表

达,都是下下策,都不能起到预期的效果。明智的父母会引导孩子,让孩子打开心扉。他们首先会尊重孩子,其次在遇到一些事情的时候,也会积极地采纳孩子提出的合理建议。在此基础之上,父母才能赢得孩子的信任,也才能打开孩子的心扉,走入孩子的内心。

孩子越是沉默寡言,越是意味着他们的心理活动非常频繁,心里的波动也很大。父母只是告诉孩子一些大道理显然是行不通的,而是要从各个方面关心孩子,也要给予孩子最好的引导和帮助,这样才是对孩子真正负责的表现。

## 孩子喜欢把自己关在房间里

周五,学校举行了月考,刘瑞的成绩很不理想。他把成绩告诉爸爸妈妈之后,爸爸当即一言不发,妈妈也忍不住开始唠叨起来:"你这个孩子天天不知道在忙活什么呢!每天起早贪黑地学习,非但没有进步,反而还有很大的退步,你这样对得起自己吗?"听到妈妈的话,刘瑞一声也不吭,回到房间里把门关了起来。

妈妈看到刘瑞的表现很纳闷,她不知道自己哪里做错了,也不知道刘瑞为何这样。她纳闷地看着爸爸,爸爸无奈地耸耸肩,说:"儿大不由爷呀!孩子长大了,你这样子说孩子估计很不乐意接受吧。"听了爸爸的话,妈妈也很无奈,她说:

# 第一章
## 认识孩子成长过程中的三大叛逆期

"现在说也说不得，碰也碰不得，有的时候求着他说一句话，他还不愿意和咱们说呢！我真是不知道应该如何对待他！"

一直到吃晚饭的时候，刘瑞都没有从房间里出来。妈妈喊了好几次让刘瑞吃晚饭，刘瑞都说自己不饿，房间的门始终没有打开。爸爸有些失去了耐心，他试图打开刘瑞的门，却发现刘瑞把门反锁了。爸爸忍不住发起飙来："刘瑞，我命令你赶紧给我把门打开，否则我就把门踹开了！"

看到爸爸勃然大怒，妈妈赶紧安抚爸爸，又劝说刘瑞让刘瑞快点把门打开。妈妈对刘瑞说："都是一家人，锁门干什么呢？"但是，刘瑞迟迟没有开门。爸爸气得对着门踹了好几脚，看到爸爸有些失控，妈妈赶紧把爸爸拉开了。

后来，妈妈咨询了心理专家。心理专家对妈妈说："这么大的孩子，如果他关上了门，说明他暂时不想跟你沟通。只要不是在情绪冲动的情况下，只要不是因为担心孩子会发生危险，没有必要逼着孩子马上打开门。在和孩子沟通的时候，还要注意沟通的方式方法，切勿用语言的方式刺激孩子走入情绪的极端，否则就会导致更严重的后果。"

听了心理医生的建议，再想一想网络上有很多青少年都因为情绪冲动做出了让自己追悔莫及的事情，妈妈提醒爸爸一定要控制好自己，千万不要因此而与刘瑞产生冲突，导致不可挽回的后果。后来每当看到刘瑞关上房间的门，爸爸妈妈就耐心地等待。刘瑞在终于想清楚了某个问题或者是消化了负面情绪之后，就会走出房间。

 叛逆期孩子的正面管教

青春期孩子的自尊心是很强的,他们很自爱,不希望被他人盯着去做一些事情,也不希望被他人指责或者是批评、否定,因而每当在亲子沟通中感到不快的时候,他们既不想与父母产生冲突,又不想继续听父母唠唠叨叨,就会回到房间里把门关上。在这种情况下,父母不要揪着孩子不放,而是要给孩子恢复平静的空间和时间,让孩子自己在房间里待一会儿,也许孩子原本冲动的情绪就会渐渐恢复平静理性,原本让孩子苦恼的事情也就不会再被孩子看得那么严重了。

有一位著名的心理学家说过,当孩子关上了房间的门,作为父母,不要对孩子乘胜追击,也不要对孩子穷追不舍,而是要学会尊重孩子,给孩子独立的时间和空间。每个人都是世界上独一无二的生命个体,每个人都有自己的所思所想,如果我们从来不给孩子任何空间去让孩子独处,那么孩子就会感到压抑和窒息。

当然,为了避免孩子经常把自己关在房间里,父母可以以尊重孩子的态度与孩子真诚地交流。如果和孩子之间发生了剧烈的冲突,孩子的情绪非常冲动,那么最好不要让孩子独自留在房间里。孩子一旦离开父母的视线,在怒不可遏的情绪之下,就有可能做出一些过激的举动,这当然是父母所不想看到的。

父母养育孩子是一个漫长的过程,要想让孩子身心健康,更是需要面面俱到。不管父母对孩子有怎样的期望,也不管孩子具体的表现如何,作为父母都要无条件地爱和接纳孩

# 第一章 认识孩子成长过程中的三大叛逆期

子，也要给予孩子最大的支持和鼓励，这样才能和孩子更友好地相处。

## 孩子总是与父母针锋相对

　　转眼之间，玲玲已经读初二了。回想起玲玲小时候因为身体不好经常生病的事情，妈妈常常感慨地说："你真的长大了，再也不是小时候那个病恹恹的豆芽菜了。"现在，玲玲身强体壮，身材高大，而且学习成绩非常好，是爸爸妈妈的骄傲。

　　小升初的时候，玲玲以优秀的成绩考入了重点中学。现在，玲玲在重点中学里的表现也非常棒。不过在进入初二之后，爸爸妈妈发现玲玲有了很大的改变。以前，玲玲对爸爸妈妈言听计从，不管爸爸妈妈说什么，只要是对的，她都会听从。但是现在玲玲却常常与爸爸妈妈对着干。例如，今天天气很冷，妈妈一大早就告诉玲玲要多穿一点衣服，否则就会着凉。玲玲原本已经拿出了长袖的卫衣准备穿上，在听了妈妈的话之后，她反而拿出了短袖T恤穿在身上。不管妈妈在身后怎么喊她，她穿着T恤一去不回头。看到玲玲这样的表现，妈妈既无奈又生气。

　　晚上吃饭的时候，妈妈让玲玲不要再喝冰饮料，说现在已经到秋天了，天气比较冷，如果再喝冰镇的东西就会伤害脾胃，应该喝温热的东西，如喝热的绿豆汤。玲玲对此置之不

理，继续喝着冰镇的牛奶，我行我素。看到玲玲的表现，妈妈懊恼地说："你这个孩子长着的耳朵就跟摆设一样。对于爸爸妈妈说的话，你一句都听不见，真不知道你在学校是怎么听老师讲课的。"

这个时候，玲玲一反常态，不再沉默，她对妈妈说："如果你和老师一样惜字如金，我想我会更愿意听你的话。你整天这样唠唠叨叨，我的耳朵都快磨出老茧来了，难道我这么大的人了还不知道天冷天热该穿什么衣服，该吃什么饭吗？我的身体我最清楚。"

玲玲一番抢白妈妈，使妈妈陷入了沉默之中，不知道该如何回应。这个时候，爸爸说："玲玲，如果你觉得我和妈妈很唠叨，那么你就把每件事情都做得很好。你以为我们愿意唠叨你吗？其实我们也不愿意唠叨你。从今天开始，你只要把事情做好了，我们就不会再唠叨了。"

就这样，爸爸和玲玲达成了君子约定。后来，玲玲争取把每件事情都做得很好，遇到实在不能独自处理好的事情，她就会向爸爸妈妈求助。爸爸负责督促妈妈管好嘴巴，不再对玲玲唠叨。就这样过了一段时间之后，爸爸妈妈惊讶地发现，玲玲果然把很多事情都处理得非常好，而不像他们想的那么糟糕。他们相视一笑，说："看来孩子真的长大了，不需要我们跟着她身后唠唠叨叨了。"

青春期的孩子之所以与父母针锋相对，大多数是因为受到逆反心理的驱使。有些孩子在逆反心理的驱使下，会故意与父

# 第一章
## 认识孩子成长过程中的三大叛逆期

母对着干,有些孩子因为逆反会故意不听父母的话,或者与父母背道而驰,这都是青春期孩子叛逆的表现。对于父母而言,要想避免孩子叛逆,就不要刺激孩子。虽然父母打着爱孩子的旗号,唠唠叨叨地和孩子说很多话,也会反复叮咛孩子,但这并不是青春期的孩子真正需要的。如果说孩子小时候需要父母无微不至的照顾,那么随着不断成长,他们更需要的是父母的尊重,是父母的平等对待。与其反复唠叨孩子,让孩子感到厌倦,并且因此而变得叛逆,不如坚决对孩子说该说的话,对于不该说的话则一个字都不说,这样反而能够更好地与孩子交流。

有些父母面对孩子的针锋相对,会很伤心。他们会想:我对你这么好,你却这么对我;我对你全心全意,为了你宁愿付出一切,但是你却丝毫不理解我的苦心。的确如此,在青春期孩子因为情绪冲动,所以很容易和父母之间发生矛盾和冲突。父母与其用反复的唠叨引发孩子心理上的超限效应,使孩子越来越叛逆,不如给予孩子更好的引导和帮助,让孩子在与父母的相处中感到愉快。

父母应该在对孩子放手的前提下,把关心和照顾孩子的侧重点有所转移。如果说在孩子小时候,父母的重点在于照顾孩子的衣食住行,那么在孩子进入青春期之后,父母应该更关注孩子的心理和情绪,关注孩子精神上的成长。当父母能够在精神上与孩子产生共鸣,成为志同道合的同行者,那么,父母就能够真正起到引领孩子,为孩子照亮前路的作用。

# 第二章 捕捉孩子进入青春期的讯号，给孩子更多尊重与理解

很多父母都不知道孩子在青春期的时候有什么标志或者是明显的改变，其实父母只要用心地观察，就能够捕捉到孩子进入青春期的讯号，也就能够抓住孩子进入青春期的契机，给予孩子更多的理解与尊重，与孩子之间建立良好的亲子关系。

 叛逆期孩子的正面管教

## 十几岁的孩子和你梦想中的截然不同

如果你是一位画家,要给一个十几岁的孩子画像,那么你会如何描摹十几岁的孩子呢?其实,大多数父母对十几岁的孩子都有一些先入为主的观念,他们会把十几岁的孩子想象得非常完美,他们希望十几岁的孩子能够在各个方面都表现得非常出色,而且能够尽快成熟起来。其实,如果你真的是十几岁孩子的父母,你就会发现,十几岁孩子真正的表现与你们心中的期望相差甚远。例如,十几岁的孩子总是以自我为中心,他们喜欢放把音乐放到最大音量,根本不考虑他人的感受;他们喜欢结交各种各样的朋友,而没有心思甄别哪些朋友是真朋友,哪些朋友只是狐朋狗友;他们又很自以为是,认为自己无所不知,无所不能,甚至因此而从不把父母看在眼里;他们还很追求新鲜和刺激,会盲目从众,尤其是在团体之中,他们缺乏判断和甄别能力,往往会为了顺应他人而做一些违心的事,甚至因此而违法乱纪;他们盲目地追求潮流,喜欢那些影视明星或者是歌星;他们有猎奇的心理,为了吸引他人的关注,喜欢把头发染成五颜六色,或者故意爆粗口,或者玩一些充满血腥暴力的电子游戏,等等。总而言之,十几岁的孩子给人的感觉非常糟糕,让父母有手足无措,无法应对的感觉。

十几岁的孩子为何这样呢?其实,父母理想中的孩子是非

## 第二章 捕捉孩子进入青春期的讯号，给孩子更多尊重与理解

常完美的，但是现实中十几岁的孩子却特别叛逆。尽管并不是每一个十几岁的孩子都如同父母描述的那么糟糕，但是大多数十几岁孩子的确让父母抓狂。很多妈妈每天早上收拾房间的时候都感到非常愤怒，这是因为即使前一天她非常辛苦地把孩子的房间收拾得整整齐齐，也只需要一个晚上，孩子就会把房间弄得乱七八糟，妈妈不得不一切从头开始，重新收拾孩子的房间。妈妈愤怒的时候不妨想一想自己在十几岁的时候是怎么样的。其实，如果父母能够更多地回忆起自己十几岁时的模样，那么对于孩子的现在就会更容易地接受。在回忆完自己十几岁时的模样之后，父母不妨再想一想自己是如何长成今天这个样子的，那么父母就会发现，每一个孩子都需要成长，才能持续进步。

正如人们常说的，理想总是丰满的，现实总是骨感的。对于十几岁的孩子的父母来说，虽然他们把孩子幻想得非常完美，但是这并不能改变孩子真正的模样。所以，父母要做的其实是无条件地接纳十几岁的孩子，理解十几岁孩子表现出的一切特点。父母还要认识到十几岁的孩子并不会像父母想的那么完美无瑕，这样才能更好地尊重孩子，也才能真正地理解孩子。

有些父母看到几岁的孩子顽皮淘气，就会盼望着孩子快快长大。而等到孩子十几岁的时候，他们才发现在十几岁这个年龄段，孩子的淘气顽皮才真正进入了巅峰。当然，这只是从叛逆顽皮的方面来考察孩子，如果父母能够换一种思维，看到孩

子好的一面，看到孩子表现突出的一面，那么父母就会有惊喜的发现。

现实生活中，很多父母都不能接受孩子真正的模样，他们试图按照自己的梦想去改造孩子，或者把孩子与其他孩子进行比较，导致孩子承受了过大的压力，选择以自杀的极端方式来逃避现实。现代社会中，青少年自杀的概率越来越大，很多青少年因为不堪学习和生活的重重压力而选择轻生，走上了一条决绝的道路。不得不说，这对于父母而言，是用尽一生都无法承受的痛苦。

十几岁的孩子出现这样矛盾的状态，是他们的身心发展所处的阶段和规律特点决定的。十几岁的孩子一直都竭尽全力地想要弄清楚自己到底是谁。他们想通过他人的评价来认知自己。但是与此同时，他们往往会感到失望，因为很多父母都吝啬表扬孩子，总是盯着孩子的缺点和不足，总是慷慨地给予孩子批评和否定，这使得十几岁的孩子内心的需求不能得到满足，感到痛苦不堪。

对于叛逆期的孩子而言，父母要想与孩子更好地相处，要想与孩子之间建立良好的亲子关系，就不要追求完美，而是要以坦然的心态面对和接受十几岁的孩子，从而让十几岁的孩子更快乐地成长。

## 孩子进入青春期，你要读懂自己的感受

　　父母与孩子之间有着深厚的缘分，每一个孩子从呱呱坠地开始，就要依靠父母无微不至的照顾才能渐渐长大。父母和孩子在同一个屋檐下生活，每天朝夕相处，所以父母往往会把孩子的变化都看在眼里，不管这变化是重大的还是细微的，父母都会因此而产生某种情感的反应。很多新手的爸爸妈妈每时每刻都在关注孩子的一言一行、一举一动。例如，孩子学会了说一个字，爸爸妈妈会表现得比孩子更兴奋；孩子终于学会了用自己的小马桶，爸爸妈妈恨不得把这件事情昭告全世界；即使孩子因为自我意识的成长，不愿意再听从父母的命令，对父母说"我不，我不"，父母也会感到满心欣喜。这是因为此时此刻，父母对孩子是无条件接纳的，他们为孩子的每一个小小进步而发自内心地感到高兴。

　　毋庸置疑的是，父母对孩子的感情是非常深的，正因为如此，才有很多人都说不是孩子离不开父母，而是父母离不开孩子。时至今日，如果你觉得十几岁的孩子给你带来了很多麻烦，那么不妨想一想，在孩子三岁第一天上幼儿园的时候，你是如何度过那漫长的白日的；在孩子十几岁终于进入了青春期，渐渐走向成人时，当他第一天晚上在朋友家里过夜，你又是如何辗转难眠的？你盼望着孩子成长，你又生怕孩子随着不断长大而离开你的身边，你很担心孩子会彻底远离你。父母就是在这样矛盾的心态中，既希望孩子永远在身边，自己能够亲

自照顾孩子，又盼着孩子不断成长，成为一个真正独立的人。

正是在这样纠结的心态中，父母感到压力山大，也非常矛盾。尤其是看到孩子在成长过程中偶然发生一些情况时，他们更是会感到手足无措。但是作为父母，无法逃避的是，不管是否愿意，孩子都在以自己的节奏成长，都在不断进步，所以唯一所能做的就是与时俱进地陪伴孩子成长。面对孩子在成长过程中出现的一些问题，坦然地接受，这才是最重要的。

在面对孩子成长的过程中，父母要尊重和认可自己的感受。有一些父母在明确感受到孩子的变化时，不愿相信自己的感受是真实的，也不愿意相信变化真的发生了。他们还是一厢情愿地幻想着孩子会表现得更完美，却不知道这根本不可能实现。不管是对于自家十几岁的孩子，还是对于别人家十几岁的孩子，都要做好心理准备，都要时刻牢记孩子们会随时带给我们惊喜。

妈妈至今还记得，佳佳十二岁的那个暑假，因为已经得到了重点初中的录取通知书，所以全家人都很放松。他们一家三口去了海南三亚玩了整整半个月。这半个月是最开心最快乐的日子。然而，快乐的时光总是很快就过去了。才过去一年的时间，妈妈就发现佳佳就像变了一个人。初一的暑假并没有那么辛苦，时间安排也没有那么紧张，妈妈又提议全家人一起出去玩，因为她想重温那快乐的日子。然而，佳佳却对此表示反对。她对爸爸妈妈说："想玩你们自己去玩吧，我留在家里看门。"

## 第二章
### 捕捉孩子进入青春期的讯号，给孩子更多尊重与理解

妈妈很惊讶地问："你为什么不想跟我们一起出去呢？你不是最喜欢去海边吗？"佳佳说："那是以前。现在，我只想自己留在家里，或者我只想自己出去玩，如果你们愿意留在家里的话。"听着佳佳的话，妈妈着急地说："我只想一家三口出去玩，难道你都不愿意陪着我们吗？如果你现在都不愿意陪我们，等以后我们老了，你只怕会跑得无影无踪吧。"佳佳对妈妈说："看看你这点出息，人家都想把孩子培养得有出息，离开家远远的，恨不得把孩子送出国，你只想把我拴在你的裤腰带上。放心吧，不管我在哪里，等你老了我都会回来看你的，所以你千万不要试图把我留在你的身边。"

等到佳佳走开，妈妈失落地对爸爸说："看看吧，孩子现在都开始嫌弃我们了，以后啊，孩子根本不愿意跟我们在一起生活。她会迫不及待的逃离我们的身边！"爸爸无奈地苦笑着说："就像我们曾经十几岁的时候也迫不及待地想要逃离我们的家一样。现在你为什么不能理解孩子做出与你同样的举动呢？"听到爸爸的话，妈妈忍不住笑了起来。

面对十几岁的孩子，父母们总是百感交集，曾经，他们以为孩子永远也长不大，几乎每时每刻都在盼着孩子快快长大，希望孩子能够有更加出色的表现。然而当孩子真正长大之后，他们又会感到特别失落，他们不知道孩子为什么会突然之间想要远离他们，也不知道孩子为什么不愿意与他们亲近。就这样，他们与孩子之间的和关系变得很微妙，既不像孩子小时候那样亲密无间，又不像陌生人那样隔着万水千山，而是忽远忽

近，这让父母更是难以适应。

在孩子进入青春期之后，作为父母，我们要读懂自己的感受。有些父母在看到孩子的一些变化之后，会出现情绪的剧烈波动，但是自己却对此浑然不知。我们除了要了解孩子之外，更要了解自己，这样才能与孩子更好地相处，了解孩子行为背后的心理需求和心理动机，也才能真正理解孩子，尊重孩子。很多父母对青春期的孩子都不理解，他们采取错误的方式与孩子沟通，或者是采取不正确的方式对待孩子，这都会激发孩子的逆反心理。只有真正地走入孩子的内心，才能与孩子之间建立良好的关系。

## 承受养育叛逆期孩子的压力

现实生活中，人人都承受着压力。每个人所承受的压力都是不同的，这也就是说，每个人都有每个人的烦恼。那么压力到底是因何而生的呢？究其根源，压力是因为生活理想的样子和现实的样子之间相差巨大。虽然我们以前认为压力都有着更加高大上的定义，但是这个接地气的定义对于我们却很有帮助。现实告诉我们，正是因为我们的想法才导致压力的产生。既然如此，我们要想消除压力或者是缓解压力，就可以通过改变想法的方式来改变自己的生活，或者调整自己对于生活的期望。当我们对生活没有那么高的期望，我们的压力就会得到缓解。

## 第二章
### 捕捉孩子进入青春期的讯号，给孩子更多尊重与理解

说起减压，很多人第一时间就想起各种各样的方式，如可以采取运动的方式，可以采取降低期望的方式，可以进行深呼吸，或者是让自己假装微笑，甚至有人通过抽烟、酗酒等消极的方式来让自己就沉迷于虚幻的世界之中，不愿意直面现实。以这些暂时起效的方式来逃避压力也许会有效果，但是效果真的非常小。难道这意味着压力是无可释放的吗？当然不是。当我们掌握了正确的方法和技巧，就能够轻而易举地减轻压力，这并不像我们想象中那么困难。

毫无疑问，十几岁的孩子也面临着巨大的压力。父母不仅要照顾孩子的衣食住行，而且还要顾及孩子的情绪感受，帮助孩子排遣内心的抑郁，这使得父母必须无所不能，才能对孩子有更好的帮助，也才能对孩子有更全面的助力。那么父母在养育十几岁孩子的过程中，他们的压力又来自哪里呢？不可否认的是，客观存在的一切有的时候会给父母很大的压力，如经济的压力、生存的压力等。但是在很多情况下，压力来自我们内心的感受。

减轻压力并不像我们想象中那么困难，当压力把我们人生所有的空白都填满了，我们一定会感到不堪重负。实际上，如果我们能够让人生的空白中充满各种精彩美好的感受，那么压力就会烟消云散。

青春期的孩子基本都已经进入初中阶段，开始了繁忙的学习。在教养青春期孩子的过程中，很多父母都为孩子的学习而深感困惑。例如，孩子总是不能按时完成作业，孩子常常拖

延,孩子上课不能认真听讲,与同学的相处也出现了各种问题,这些都是会让父母抓狂的。

实际上,大多数父母在应对孩子不如人意的表现时往往会以发脾气或者牢骚的方式进行,却不知道这样的方式非但毫无作用,还有可能激发起孩子的逆反心理,使孩子出现心理学上的超限效应。如果孩子总能够在规定时间的最后一刻到来之前完成作业,那么他们的未来又会如何呢?他们会越来越拖延。父母在对孩子的这些表现进行评估的时候,往往会更加紧张焦虑。其实,父母与其一味地催促孩子,还不如给予孩子更多的时间和空间去发挥自己的能力,这么做能够让孩子有更好的成长表现,也能够给予孩子更大的空间自由发挥,这对于孩子的成长是极其有益的。

总而言之,父母要记住一点,那就是十几岁的孩子始终处于成长的过程之中,即使父母不给他们以切实有效的引导,他们也依然会随着成长的节奏慢慢地成熟起来。既然如此,我们又为何要因为孩子此时此刻的表现而感到心力憔悴呢?当父母学会给自己减小压力,也找到合适的方式教育孩子,相信亲子教育一定会进展得更加顺利。

## 帮助青春期的孩子进行自我定位

记得成龙曾经演过一部电影,名字叫作《我是谁》。在这

## 第二章
### 捕捉孩子进入青春期的讯号，给孩子更多尊重与理解

部电影中，成龙受伤之后被土著救了。他在醒来之后发现自己置身于一个陌生的地方，在土著的照顾下活了下来，但是他却彻底忘了自己是谁。他见到每一个人都会问"我是谁"，然而他始终没有找到答案。他并没有放弃，在身体恢复之后，他就想方设法地去求证自己的身份，想得知自己的来路，想正想知道自己真正是谁。也许有人会感到疑惑，有什么必要非得知道自己是谁呢，只要知道自己还活着，能够健康快乐地生活，这不就已经足够了吗？

人之所以生而为人，意义并不在于人活着，而在于人对自己有正确的认知，也能够实现自己的价值。对于青春期的孩子而言，必须要进行自我定位，才能够实现自己的价值，也才能够找到归属感。如果青春期的孩子不知道自己是谁，或者不能对自己进行准确的定位，那么他们就无法实现自己的价值，也无法认可自己的存在，这对于他们而言当然是非常痛苦的。

也许有些父母会说，青春期的孩子正处于快速的成长之中，他们对于自己是谁也许现在没有认知，但是他们迟早是会知道的。的确，虽然孩子的成长过程是不可逆的，是自然而然进行的，孩子终究会从稚嫩走向成熟，但是对于我是谁这个问题，对于自我定位的需求，我们却要及时满足孩子。

最近这段时间，妈妈在给豆豆打扫房间的时候，发现豆豆的抽屉上居然上了锁。看到这把明晃晃的锁，妈妈感到五味杂陈，一方面她知道豆豆长大了，有了自己的秘密，另外一方面看到豆豆对她关闭了心扉，不愿意让她知晓他内心最深处的秘

密，妈妈感到特别失落。

在豆豆的抽屉没有上锁之前，妈妈每天帮助豆豆打扫房间时，对抽屉里隐藏着怎样的秘密，她并不好奇。但是现在抽屉上了锁，妈妈的好奇心反而被勾了出来，她迫切地想要知道豆豆的抽屉里到底锁着什么。

有一天，豆豆因为早晨走得匆忙，没有来得及给抽屉上锁。妈妈抓住这个机会，赶紧打开豆豆的抽屉看了起来。仔细看去，豆豆的抽屉里并没有什么真正的秘密，除了豆豆收集的一些小零碎之外，还有豆豆的一本日记本。虽然豆豆没有在家，但是妈妈在打开豆豆日记本的时候还是感到非常紧张，她的手都忍不住颤抖起来。直到看完了豆豆的日记，妈妈悬着的心才终于落了下来。豆豆的日记里只是记了一些青少年的心事，并没有所谓的早恋秘密，妈妈如释重负。

傍晚，豆豆回到家里，第一时间就奔到房间里去查看抽屉。虽然妈妈把很小心地把抽屉里的东西都复原了，但是豆豆还是看出来妈妈动了他的东西。他当即对妈妈怒吼道："妈妈，你为什么要偷看我的抽屉？"听到豆豆用了偷这个字，妈妈不由得感到很生气。她反问豆豆："你都是我生出来的，我看你的抽屉用偷吗？我是光明正大地看的。"

豆豆生气地对妈妈说："你看到我抽屉没有上锁，就偷开我的抽屉，你还看了我的日记。以后，我再也不把日记放在家里了。"原本，妈妈对于偷看豆豆抽屉和日记还心怀愧疚，豆豆这么说，妈妈觉得很受伤害，她也生气地对豆豆说："你自

## 第二章
### 捕捉孩子进入青春期的讯号，给孩子更多尊重与理解

己最好也别回家住，你住在外面才好呢，我还省得伺候你！"

就这样，整整一个晚上，妈妈和豆豆谁也不理谁。直到爸爸下班回到家里得知了事情的原委，爸爸批评妈妈说："这就是你的不对了，孩子既然把抽屉上锁了，就是有事情不想让你知道，你偏偏要知道，这是不尊重孩子的表现。我觉得你应该向豆豆道歉。"在爸爸的劝说下，妈妈终于向豆豆道歉了，豆豆第一次得到妈妈的道歉很感动，当即就原谅了妈妈，还主动把日记给妈妈看呢！

当孩子开始对父母保守秘密的时候，他们就已经进入了个性化的过程。作为父母，如果不能理解孩子的隐瞒，那么可以想一想自己在十几岁时是否也守护着秘密，不想被父母知道呢？实际上，这个秘密是十几岁的秘密，对于父母而言，这个秘密也许无关紧要，但是对于孩子来说，他们却想方设法地要守住这个秘密。

十几岁是一个很特别的年纪，在这个年纪里，孩子看起来已经长大了，比起小学时候他们越来越成熟。但是和成人相比，他们还是很稚嫩的。所以他们会为了证明自己的独立能力去做一些事情，如有些孩子为了得到同伴的认可，和同伴一起做违法乱纪的事情。在这个阶段里，父母要密切关注孩子，多多了解孩子，及时和孩子沟通，把握孩子的心理和情绪动态。与此同时，还要注意方式方法。上述事例中，豆豆妈妈偷看豆豆的抽屉和日记，却又被豆豆得知了真相，豆豆生气是理所当然的。

对于孩子做过的一些事情，父母在得知之后为免担惊受怕，往往会强行禁止孩子，这么做的效果是很糟糕的。作为父母，为了更好地理解孩子，可以想一想自己在十几岁的时候是怎么做的，就能理解孩子现在的所言所行。

每个人在十几岁的阶段里都会特别叛逆，都会有自己想做的事情，都不愿意对父母言听计从、既然如此，我们应该引导孩子进行自我定位，一味地逃避或者是回避，都不能真正解决问题。只有勇敢面对，帮助孩子做好一些事情，我们与孩子之间才能够更和谐融洽地相处。

## 你要知道青春期的孩子正在经历什么

每一个父母都知道，青春期的孩子正在经历着身心的巨大变化，他们处于快速的成长过程之中，不管是生理方面还是心理方面都在急速成长。其实，对于青春期的孩子正在经历的一切，父母未必真的知道。

孩子的成长有自身的规律，他们的成长过程是不可逆的，无论孩子自身的主观意识如何，他们的身体和性发育都在从稚嫩走向成熟，他们根本无法控制这个生物学过程。在经历这个过程之后，他们无可抗拒地长大了。因为体内激素的大量分泌，所以孩子会产生很矛盾复杂的感觉，一方面他们渴望成长，想要摆脱父母的束缚；另外一方面，他们自身的能力还没有达到独立生存的水准，所以他们会感到很纠结。

由于成长的速度过快，身心的变化太过复杂，所以很多青春期的孩子都会因此而陷入焦虑的状态。有一些孩子成长的速度非常快。和同龄人相比，他们显得更加成熟，这让他们感到很焦虑，他们其实想成熟得慢一些，这样才能融入同龄人的团队。有一些孩子成长的速度相对缓慢，在看到同龄人都已经日趋成熟时，他们未免心急如焚。从父母的角度来说，很多父母都希望孩子能够晚熟一些，然而这可不是以父母的主观意志为转移的。大自然有它自身的规律，孩子们的成长也有他们自身的节奏，不管父母的喜好如何，孩子们都在成长，都在渐渐地走向成熟。

很多父母都会发现，孩子的情绪很容易波动，甚至会出现大起大落的情况，这是因为孩子体内分泌出大量的荷尔蒙，所以他们的情绪在生理成熟的过程中才会毫无征兆地大起大落。具体的表现是，孩子在前一分钟也许还兴高采烈，但是下一分钟就会沮丧失落。

有些孩子的情绪不仅仅表现为对自己，他们在对他人的时候也会做出任性粗暴的行为，这都与孩子的快速成长发育密切相关。在生理学领域，针对孩子的成长，有一个专业的名词叫作成长痛。听到这个词语，如果没有过切身的体会，一定会感到很难理解，不知道孩子在成长的过程中为何会感到疼痛。实际上，孩子在快速成长的情况下，他们是身体的确会感到非常疼痛，这是因为他们的身体发育不能保持平衡。

父母要想陪伴孩子顺利地度过青春期，就要了解孩子的生理发育特点，也要与孩子之间建立情感的连接。在这里，我们要重点强调正面管教的重要性，这是因为如果父母总是与孩子针锋相对，或者故意刺激孩子，使孩子情绪爆发，那么就会导致事与愿违。只有对孩子进行和善而坚定的管教，才能与孩子之间建立良好的沟通渠道，才能发挥教育的正向作用，让孩子在父母的教育之下健康快乐地成长。在此过程中，最重要的是父母要对孩子怀有耐心，孩子的成长如此复杂又漫长，如果父母缺乏耐心，那么就很难和孩子一起长大。

不要再认为青春期孩子的一切经历都只是虚幻的，而且要真切地认识到，青春期孩子的经历是真真实实、切实存在的。父母只有给予孩子良好的教育，才能始终坚定不移地陪伴在孩子身边，也才能让孩子更加健康快乐。

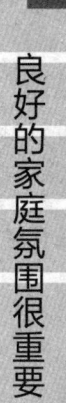

## 第三章 当孩子处于叛逆期,营造良好的家庭氛围很重要

很多父母都会为教育叛逆期的孩子而感到头疼,甚至有些手足无措的感觉。实际上,要想教育好叛逆期的孩子,要想对孩子起到引导和帮助的作用,就一定要营造良好的家庭氛围。只有在积极乐观、民主和谐的家庭氛围中,孩子才能受到潜移默化的影响,也才能缓解叛逆的情绪,更加配合父母,主动做好一些事情,从而在成长的道路上走得更好。

## 重视孩子与同龄人的关系

周末早晨起床,看到佳琪的脸色很不好,妈妈有些担心,因而询问佳琪:"佳琪,你今天不是要和同学们去看电影吗?为什么看起来闷闷不乐的呢?"佳琪对妈妈说:"我刚刚转到这个学校,才认识两三个同学,今天是他们带我去和别的同学一起看电影,我很担心其他同学不喜欢我。"听到佳琪的话,爸妈不以为然地说:"怎么会呢?你这么乖巧可爱,那么多叔叔阿姨都喜欢你,同学们一定也会非常喜欢你的。"佳琪想了想对妈妈说:"那可不一定,叔叔阿姨喜欢我是因为我很听话很乖,要是想得到同学们的喜欢,我必须融入他们之间。有的时候同学之间聊天我都听不懂,不知道他们在聊些什么,我必须加油。"

妈妈还是漫不经心地说:"得不得到同学的喜欢也没有那么重要,你只要学习成绩好,得到老师的喜欢就可以了。"佳琪把头摇得像拨浪鼓一样,对妈妈说:"妈妈,你可真是out了。我在学校里生活,每天都要和同学相处,我想和同学们在一起玩,我希望他们能够喜欢我。"听到佳琪如此执着地想要得到同学的接受和认可,妈妈只好对佳琪说:"那好吧,我就给你一个辅助的力量,好不好?我给你做一些新鲜的爆米花,你带去和同学们分享,怎么样?"佳琪兴奋得又蹦又跳,说:

## 第三章
当孩子处于叛逆期，营造良好的家庭氛围很重要

"妈妈，您太好了，谢谢您！同学们一定会很开心的。"看到佳琪这么重视同学的感受，宁愿妈妈辛苦，妈妈的心里酸溜溜的。

后来，妈妈把这件事情告诉了爸爸。爸爸开导妈妈："如果你在一个新单位上班，你是不是也希望得到同事的接受和认可？孩子虽然还在上学，但是道理都是一样的。而且我听办公室的小陈说，对于青春期的孩子来而言，与同龄人的关系甚至比家庭关系更重要。所以我们一定要重视孩子与同龄人的关系，也要助力孩子与同龄人搞好关系，这样才是真正帮助孩子。"

不管是父母是否愿意接受，有一点毋庸置疑，那就是孩子在进入青春期之后，他们最明显的改变就是希望得到同龄人群体的接受。有的时候，他们宁愿改变自己，只为了能够尽快融入同龄人的群体之中。只有得到同龄人群体的接受，他们才能对自己有更好的认知和评价，才会获得真正的成功。反之，如果孩子始终不被同龄人的群体所接受，他们就会感到非常沮丧，甚至对什么事情都提不起兴致来，这会加重他们逆反的行为。

有些父母对于孩子与同龄人的关系并不看重，他们觉得孩子只要学习好，得到老师的喜欢，处处都能表现好，得到父母的认可，就足够了。父母还认为同龄人对孩子的认可无关紧要。其实，父母这样的想法是大错特错的。虽然父母对于孩子与同龄人的关系并不看重，但是对于孩子来说，与同龄人的关系是非常重要的。他们如果与同龄人的关系和谐融洽，每天上

学就都会开开心心的，非常快乐；如果与同龄人的关系不够融洽，甚至剑拔弩张，那么他们就会排斥上学，厌恶上学，也因此而陷入痛苦之中无法自拔。

青春期孩子更看重小团体，他们希望自己能够融入团体之中，与团体中每个成员都搞好关系。正因为他们特别担心自己能否融入同龄人的群体，所以他们很少有时间会关注到自己与家人之间的关系。在这个阶段里，父母不要因为孩子更看重与同龄人的关系就吃醋，而是要尽量为孩子提供便利的条件，助力孩子发展与同龄人的关系。

前文我们说过，每个父母抚养孩子最终极的目标就是希望孩子能够与家庭分离，真正地走向独立。那么孩子在亲近同龄人而疏远父母的过程中，其实就是在与家庭进行分离。作为父母，对于孩子与同龄人的关系一定要怀有正确的态度，而不要误解孩子，更不要因此而对孩子做出不恰当的评价。很多父母认为，孩子之所以对朋友非常专注，其实就是为了疏远父母，就是为了抗拒父母，甚至是为了与父母针锋相对。这样想的父母无形中就把孩子个性化的过程当成了是针对自己专门做出来的行为表现，父母应该改变这种想法，换一个角度来看待孩子的成长。

太多的父母在教育孩子的过程无形中就形成了对孩子的掌控和操控，当孩子进入青春期试图独立的时候，他们与孩子之间就会出现权力之争。他们希望继续掌控孩子，也希望孩子能够一如既往地对他们言听计从。在此过程中，孩子所要做的事情就是独立于父母，成为自己真正的主宰。因此在这个阶段里，父母与其试图继续掌控孩子，还不如真正地成为孩子的朋友，陪伴在孩子的身边，这样才能赢得孩子的尊重和信任，也才能让亲子关系继续良好地发展下去。

## 承担起父母的职责

大海和妻子一直在外地打工，妻子只是在临产的时候才回到家乡，把孩子生下来后只给孩子喂了半年的奶，就背起行囊去了远方。此后，他们每年只能在春节的时候回家一次，短暂地陪伴在孩子的身边。孩子小时候对此尚且没有疑义，毕竟爷爷奶奶也能够照顾好他的吃喝拉撒、衣食住行，但是随着渐渐成长，他越来越成熟，也越来越善于思考。

在进入初中之后，孩子有一次对询问大海："爸爸，为什么其他同学都能和爸爸妈妈生活在一起，我却只能和爷爷奶奶生活在一起呢？"大海告诉孩子："爸爸妈妈要外出打工挣钱，才能养活你。如果爸爸妈妈都留在家里陪你，那么咱们吃什么喝什么呢？"听了大海的话，孩子一时之间陷入了沉默。

是啊，每个人活着都需要金钱和物质的支撑，大海给出孩子这样的理由似乎是无懈可击的，然而这并不能够真正安抚孩子。升入初二之后，孩子有一次与同学之间发生了矛盾和争执，同学的父母当即赶到学校向老师了解情况，孩子却孤身一人。爷爷奶奶年纪大了，不能来学校里和老师见面，所以老师就打电话和孩子的爸爸妈妈进行了沟通。

孩子哭着对大海说："爸爸，你们回家吧，我希望你们也留在家里。"大海还是告诉孩子"爸爸和妈妈需要出去挣钱"。孩子从此以后再也没有说过让爸爸妈妈回家的话，但是他的脸上再也没有了笑容。他的学习成绩越来越糟糕，他仿佛放弃了自己。后来，孩子没有考上高中，只能和爸爸妈妈一样背起行囊去远方打工。爸爸妈妈想让孩子去他们所在的城市，但是孩子拒绝了爸爸妈妈的邀请，反其道而行，选择了一个和爸爸妈妈所在的城市相反方向且相距遥远的城市。对于孩子的举动，爸爸妈妈特别不理解，但是孩子却说："小时候你们不在我的身边，长大了，我也不需要你们的陪伴。"

现实生活中，很多父母虽然生养了孩子，但是却并没有养育孩子。他们认为只要把孩子生下来，就对孩子尽到了责任和义务，还认为只要给老人一些钱，让老人照顾好孩子的吃喝拉撒就是在养育孩子，实际上这是对于教养的片面理解和错误解读。

事例中，大海的说法似乎无懈可击，因为每个人的确需要金钱支撑才能生存下去，但是这样的金钱支撑并不是一定要以与孩子分离为代价才能获得的。作为成年人，如何平衡好工作与教养孩子之间的关系，这是非常重要的，毕竟孩子的成长过程是不可逆的。如果父母放弃行使自己的职责，那么与孩子之间的感情就会特别淡漠，与孩子的关系也会特别疏远。有些父母抱怨孩子与自己不亲,却从来没有想过自己在孩子成长的过程中扮演着怎样的角色。

除了迫于生计而与孩子分离之外,还有一些父母会因为各种各样的原因与孩子分离。例如,有些父母本身的性格是非常冷漠,特别内向的,不愿意与孩子沟通;也有一些父母虽然生活在孩子身边,却有各种各样的情感或者是心理问题,这也会导致他们对孩子视若无睹。现代社会中离婚率节节攀升,还有一些父母因为夫妻关系出现了巨大的变故,所以与孩子之间的关系也日渐疏远。父母在离婚的时候一定要采取和平分手的方式,最好不要当着孩子的面争执,或者为了孩子的问题而互相推诿,否则孩子就会觉得自己是这个世界上多余的人,觉得自己不被父母所爱,甚至成为了父母的累赘。这对于孩子的身心健康发展是极其不利的。

事实告诉我们,不管在什么时候,父母都要表现出对孩子的爱,让孩子知道他们是父母最爱的人,也对父母至关重要。这样一来,哪怕孩子不在父母的身边,他们的情感也会更加充实,对父母的依恋也会更加深厚。

和那些总是试图每时每刻都控制孩子的父母相比,有一些父母却对孩子采取放任自流的教养方式。他们对孩子的言行举止视若无睹,听若未闻,他们希望孩子能够树大自直,通过成长来消除一切不利的行为表现。实际上,孩子的问题行为从来不会随着成长而消失,即使很多十几岁的孩子热切地渴望着独立,希望父母不要过多干涉他们,他们也依然需要得到父母的指引和帮助。只要父母的教育方法合宜，孩子就欢迎父母给予切实有效的建议。

现代社会中，留守儿童的问题不容小觑。对于具体的家庭来说，婚姻和家庭生活呈现出的问题，必须引起足够的重视。每个父母都要承担起教育孩子的职责，才能真正地教养好孩子。

## 尽管很难，你要改变养育的方式

对于父母而言，改变教养的方式无疑是很难的，这是因为很多父母教养孩子的方式是从自己的父母那里沿袭过来的，他们从小得到怎样的对待，自己就会怎样对待孩子。也有一些父母的教养方式积重难返，尽管父母知道自己的教养方式存在很多问题，也给孩子造成了不良的影响，但是真正想要改变的时候，他们却面对着很多困难和障碍。曾经有人认为，改变教养方式就像学习一门陌生的语言，其难度可想而知。

难道我们因此就要墨守成规，不再改变教养的方式吗？有哪一个父母能够保证自己的教养方式一定是正确的，并且能够给孩子积极的助力呢？没有任何父母敢做出这样的保证，其实养育孩子是每个父母都需要毕生从事的伟大事业，如果不能坚持成长，进行持续性的学习，那么就会处于落后的状态，就有可能因此而陷入被动的困境。

通常情况下，父母的教养方式分为两大类。第一种父母对孩子事无巨细地全盘包办，他们不管什么事情都会代替孩子去做，甚至会极其护短，不愿意孩子受到老师的批评，或者是被他人批评。第二大类的父母对孩子则采取散养的方式，他们对孩子的一切事情都漠不关心，认为养育孩子唯一需要做的事情就是为孩子提供金钱和物质，满足孩子在衣食住行和吃喝拉撒的生理需求。不得不说，这样的两种极端教养方式对孩子的成长都是绝无好处的。

其实，在宠溺和娇纵孩子，以及严厉地惩罚孩子之间，还有第三种教养方式，那就是和善而坚定的正面管教类型。和善而坚定地教养孩子，意味着我们要坚持原则，采取新的养育方式。在执行新的养育方式时，要能够坚定不移地去做。改变教养方式的难处，不仅在于父母们墨守成规的观念，也在于孩子对此可能会极其不适应，甚至十几岁的孩子也会让父母回归到正常的教育状态，这是因为他们已经习惯了父母简单粗暴或者是娇纵宠溺的教育方式，而不希望父母做出改变，使他们不能继续做自己想做的事情。但是父母应该是家庭教育的主导者，也是孩子人生的引导者，所以父母应该坚定不移地采取正确有效的教养方式。

具体来说，改变教养的方式分为以下三步走。

第一步，我们要认识正面管教的教育理念，并且对此有深入的了解。只有先认知正面管教的教育方法有哪些好处，我们才能主动地进行改变。在真正领悟正面管教的特征之后，我们就会以全新的目光看待自己和孩子，从而使家庭教育以崭新的面貌呈现。

第二步，虽然我们认识了正面管教理念的正确性，但是真正要想实施这种教育理念，我们还必须以具体的养育技巧为媒介进行。这是最难的一步，因为很多旧的教育模式已经根深蒂固，要想推翻旧的教育模式，建立新的教育模式，就必须打破旧有的一切。这就像是重塑一个世界，虽然说起来简单，但是真正去做的时候却有可能面对重重困难。在此过程中，我们不但要改变自己的教育观念，更新自己的教育方式和技巧，还要对孩子的挑战行为做出及时的反应和回应。当遭受到来自孩子的阻力时，我们应该坚持做得更好。

第三步，也是对于大多数父母来说的一个门槛，那就是大多数父母不管是否愿意承认他们都在试图控制孩子，在坚持正面管教的理念之后，我们要做的却是对孩子放手，给予孩子更多的自由空间。这会让父母感受到危机，觉得放手有可能会导致孩子处于失控的状态，会对孩子产生各种各样的担心。其实，父母的担心完全是多余的，正如意大利教育学家蒙台利梭所说的，孩子有其内心的节奏，他们天生就具有管好自己的能力。父母只要对孩子善加引导，孩子的表现就会让父母刮目相看。

在改变教育方式的过程中，我们一定要坚定不移地坚持自己的原则，以长远的目光去看待这个问题。很多父母在教育孩子过程中都会陷入一个误区，即他们为了让孩子在短期内有更

## 第三章
### 当孩子处于叛逆期，营造良好的家庭氛围很重要

好的表现，会采取拔苗助长的方法，而忽略了这种效果的持续有效性。教育孩子可不是一劳永逸的事情，不管我们对孩子采取怎样的教育技巧和策略，都要追求更长远的效果。这就意味着我们不能舍本逐末，而是要始终不忘初心，才能坚持做得更好。

在改变教育方式的过程中，很多父母都会逃避问题，也很害怕产生问题。他们心中对问题怀有强烈的排斥和抗拒的意识，他们认为问题是最大的障碍，是真正的绊脚石。实际上，问题的发生反而更有助于改变教养的方式，更有助于让一切变得更好，这是因为问题的发生暴露出了我们的不足，让我们能够及时改变和调整，从而对教育的欠缺进行弥补。

在改变教育方式的时候，如果我们觉得一切都非常顺利，反而是不正常的。当我们感觉到特别难受时，恰恰说明我们正在努力地做得更好，我们的确在与旧有的教育模式作斗争，问题的暴露也让我们有了更多的机会调整和完善自己的教育方法与技巧。

尤其是对于传统型的父母而言，他们已经习惯了对孩子发号施令。那么，采取和善而坚定的教养方式，父母们会感到极其不适应，这是因为和善而坚定的教养方式并不会像对孩子下命令那样在第一时间就产生良好的效果。有的时候，我们甚至会觉得自己是在纵容孩子。而实际上，和善而坚定的教养方式将会在长期坚持之后产生良好的效果，所以我们应该始终满怀信心，坚持不懈，我们必须相信自己所做的是对的，才能对孩

子进行更好的教育。等到一段时间之后，亲眼见证了以和善而坚定的方式给孩子带来的惊奇改变，我们一定会喜出望外，满怀信心。

## 坚持和善而坚定地养育孩子

和善而坚定地养育孩子，核心在于鼓励孩子，给予孩子自由成长的空间。和善而坚定的教育并不会在短期内就产生特别明显的效果，父母们必须做好长期奋战的准备，要坚持对孩子进行积极养育，对孩子开展正面管教，才能最终看到孩子身上出现了令人惊喜的改变。

近些年来，正面管教的养育方式非常火爆，很多人都把正面管教的养育方式挂在嘴边，然而真正能够做到，且坚定地对孩子开展教育的父母却少之又少。由此可见，很多事情都是说起来容易做起来难。那么，如何和善而坚定地养育孩子呢？

第一点，我们与孩子之间要相互尊重。尊重总是相互的，不管是父母对孩子还是孩子对父母，都同样要遵循尊重的原则。如果父母只要求孩子尊重自己，而从来不懂得尊重孩子，那么孩子对父母就会缺乏尊重，甚至还会出现父母所说的大逆不道的情况。这并不是因为孩子天生品格恶劣，而是因为他们没有从父母身上学会如何尊重他人，也就不懂得以尊重回馈父母。

## 第三章
### 当孩子处于叛逆期，营造良好的家庭氛围很重要

第二点，要给孩子犯错的机会，引导孩子踩着错误的阶梯努力向上。很多父母在教养孩子的过程中，每当看到孩子犯错误，马上就会怒气冲天，歇斯底里，恨不得当即就让孩子改正错误，甚至为此而狠狠地惩罚孩子。古人云，人非圣贤，孰能无错。每个人都会犯错误，别说是孩子，就算是成人也会犯各种各样的错误。有人说，孩子成长的过程就是犯错的过程，其实是有道理的。俗话说，不经历无以成经验。如果孩子所做的任何事情都在父母的指导下完成，从来没有机会犯错，那么他们也就不会真正地成长。

第三点，营造民主平等的家庭氛围，既尊重孩子，也让孩子知道他并不是家庭生活的中心。不管是父母还是孩子，都不应该成为家庭生活唯一的中心，每个人都是家庭中重要的一员，但是整个家庭要维持正常运转，要想发展得更好，就需要全体家庭成员无私忘我地付出和贡献。现代社会中，很多孩子从小就得到父母和长辈无私的爱，所以他们渐渐地形成了以自我为中心的错误想法，认为不管什么人都应该唯他们独尊。孩子拥有这样的想法所造成的后果是很严重的，这会使他们在成长的过程中过于自负和骄傲，也会使他们在人际关系中出现唯我独尊的情况，因而不能受人欢迎。

第四点，培养孩子的责任心。现代社会中，很多孩子都缺乏责任心。他们犯了错误之后会逃避错误，在需要承担责任的时候，又会找各种借口为自己开脱。一个真正的勇敢者并不是那些无惧困难或者是恐惧的人，而是能够在犯错之后承认错误并且

积极地承担责任的人。父母要有意识地培养孩子承担责任的精神，这样孩子才能在成长的过程中更有担当，能够身兼重任。

第五点，给予孩子充满爱和自由的成长环境。现代社会中，大多数家庭里都只有一个孩子，这使得父母和长辈会把所有的关注都集中到孩子身上。他们希望给孩子最好的条件，也希望为孩子排除万难，让孩子能够顺遂如意地成长。这恰恰让孩子形成了强烈的依赖性，使孩子不管做什么事情都第一时间寻求父母的帮助。要想让孩子真正成长起来，父母就要及时对孩子放手，让孩子知道他们只有不懈努力，才能出人头地。

需要注意的是，不要把错误与失败混为一谈，错误并不是失败。如果能够以正确的态度对待错误，孩子就能踩着错误的阶梯，努力向上。现实生活中，很多孩子缺乏勇气，表现得唯唯诺诺，这是因为他们在成长的过程中没有得到父母正确的引导，没有得到父母有效的帮助。对于孩子而言，在成长的过程中难免会经历风雨，也会遭遇坎坷泥泞。与其一味地逃避，不如以正确的方式面对，鼓起信心和勇气，勇敢坚定地前行。这离不开父母对孩子和善而坚定的养育，也离不开父母给孩子的支持和鼓励。

## 营造民主平等的家庭氛围

在家庭生活中，丹丹最喜欢的就是召开家庭会议的时刻。

## 第三章
当孩子处于叛逆期，营造良好的家庭氛围很重要

这是因为每次召开家庭会议，爸爸妈妈并不会搞一言堂，而是会积极地询问丹丹的意见。如果丹丹提出的意见很有道理，他们还会积极地采纳丹丹的意见，这使丹丹很清楚自己作为家庭的小主人，是有义务为家庭建设做出贡献的。

今天放学回到家里，丹丹和妈妈说起班级里很多同学报名课外班的事情，她感慨地说："妈妈，我可真庆幸有你和爸爸这样开明的家长。我们班级里有的同学周末的时候要上九门课外班，简直比上学还要忙碌呢！最要命的是这些课外班还不在一个地方，他们有的人一天都要跑三四个地方，真的是在疲于奔命。"

听了丹丹的话，妈妈趁势对丹丹进行引导："如果学有余力，在参加学校的学习之余，是可以报课外班帮助自己发展核心竞争力的，或者也可以补足短板。不过妈妈认为这要尊重孩子的意见，毕竟孩子才是学习的主体。如果孩子不愿意学习，不愿意上课外班，那么父母只强求孩子也是不能起到良好效果的。有一点毋庸置疑，他们报的课外班的确太多了。正好妈妈也有一件事情要跟你说，那就是现在你已经上初中了，如果你觉得自己需要报课外班，给某一门学科的学习加油鼓劲，爸爸妈妈是会全力支持你的。"

妈妈话音刚落，丹丹就哭丧着脸说："我真是自找苦头吃呀！我要是不告诉你们这件事情，你们就不会想起给我报课外班了。"看着丹丹的样子，妈妈哈哈大笑起来，说："你这不是掩耳盗铃吗？即使你不告诉我们，可是同学们都

上了很多课外班,我和爸爸也准备和你提起这件事情的。不过到底是否报名课外班,具体报哪一门课外班,我们还是会尊重你的意见。"

在一个星期的时间里,丹丹一直都在思考报课外班的事情。她也想让自己在学习上补足短板,发挥优势。在此期间,爸爸妈妈一直耐心地等待着丹丹思考,从未催促丹丹。终于,丹丹告诉妈妈:"妈妈,我想报名参加数学和英语的课外班。我的语文成绩还不错,也比较稳定,但是我数学一旦遇到难题就会丢分,英语学习在语法上面也有些混乱。我想,经过课外班的查漏补缺,我应该会有很大的进步。"

听到丹丹分析得头头是道,妈妈毫不迟疑地点点头,答应了丹丹的请求。妈妈对丹丹说:"你对自己的学习情况肯定是最了解的。没关系,我们先报一期。如果后面你想调整,我们再及时调整,好不好?"丹丹高兴地笑了起来,说:"妈妈,你可真是个好妈妈!不管做什么事情,你都尊重我的意见。学校里的老师也说我是一个很有主见的孩子呢,这都要归功于你和爸爸对我的教育。"

在民主平等的家庭氛围中长大的孩子积极向上,乐观开朗,充满快乐。而父母搞一言堂的家庭里,往往奉行父母至上的权威主义,父母总是对孩子发号施令,那么孩子就会畏缩胆怯,即使遇到事情的时候有想法,也不敢当机立断地提出来。

作为父母,一定要牢记教育的初心,那就是希望孩子从稚嫩到成熟,从依赖父母到渐渐地走向独立。只有牢记这个初心，父母才能给予孩子更好的教育，也才能始终把握教育的原则和方针，以培养独立自主的孩子为根本的教育目标。

要想营造民主平等的家庭氛围，父母就要发自内心地尊重和平等对待孩子。在很多传统的家庭里，父母都是高高在上的，不管遇到什么事情，他们都不允许孩子发表意见，甚至也从不征求孩子的意见。这使得孩子渐渐地习惯了接受父母的指令去做所有的事情，即使有朝一日他们得到机会，可以按照自己的想法做事情，也并不能做得很好。孩子独立的能力是在后天成长的过程中渐渐培养和发展的，父母要抓住陪伴孩子成长的机会，对孩子进行引导。

## 给予孩子充分的尊重

洗完澡之后就该睡觉了，九岁的哲哲却吭吭唧唧地不愿意上床休息。看到哲哲的表现，妈妈知道哲哲一定有对哪些地方不满意，或者有了自己的想法。所以她耐心地询问哲哲："哲哲，你有什么想法可以告诉妈妈。"哲哲小声地嘀咕着："即使告诉你，你也不会同意。"

妈妈微笑着反问："怎么知道我不会同意呢？如果你的想法是合理可行的，妈妈就会支持你。"得到妈妈的鼓励，哲哲说："妈妈，我今天晚上不想盖厚棉被了，我想盖薄毯子。而且我不想在床上睡觉，我想去沙发上睡觉。"妈妈还没有表态呢，爸爸当即连声说道："不行不行！这么冷的天，去沙发上盖着毯子睡觉，这不是等着感冒吗？"哲哲马上满脸失望地看着妈妈，这个时候妈妈想了想，问哲哲："你为什么想去沙发上盖着毯子睡觉呢？"

原来，哲哲是因为受到一个动画片的启发，觉得在沙发上露营是一个好主意。得知哲哲真实的想法，妈妈对哲哲说："那么这样吧，你可以带着毯子去沙发上睡觉。半夜，如果你觉得冷，就回到床上，打开被子接着睡。我会提前把你的被子打开，铺平在床上的，好不好？"哲哲连连点头，他兴奋地抱着妈妈的脖子又蹦又跳，说："妈妈，妈妈，你真是个好妈妈！"

哲哲抱着毯子去沙发上睡觉之后，爸爸回到卧室里小声地抱怨妈妈："你可真是惯着孩子！这么冷的天，盖着毯子睡觉不会着凉吗？而且还是在沙发上！万一夜里掉到地上，瓷砖那么冰冷冰冷的，可不把孩子冻坏了吗！"妈妈说："你不让他试一试，他怎么知道会很冷呢。我们越是禁止他，他的好奇心就越是强烈，所以我认为可以反其道而行，说不定不到半夜他就会跑回温暖的被窝呢！"

爸爸无奈地说："但愿如此吧。"妈妈说："我们要尊重孩子。孩子虽然小，对很多事情的后果都不能准确地预期，但他们却是非常敏感的。当切身体会到各种事情的后果时，相信他们一定能做出明智的选择。"爸爸说："你就放羊吧。你总是由着孩子，孩子将来一定会无法无天的。"

果然，正如妈妈所说的，才到上半夜，哲哲就抱着毯子回到了床上，钻进被窝里呼呼大睡。爸爸出来查看哲哲的情况时，发现沙发上空空如也，而哲哲呢，小脸红扑扑的，正躺在被窝里睡得香呢！后来，哲哲再也没有吵闹过要去沙发上盖着毯子睡觉。看到妈妈真的彻底解决了问题，爸爸由衷地对妈妈竖起了大拇指。

现实生活中，很多父母一旦听到孩子要做出格的事情，马上就会对孩子表示反对。哪怕孩子即使真的按照自己的想法去做，也不会导致严重的后果，爸爸妈妈的第一反应还是否定孩子。长此以往，就会打消孩子积极思考的主动性，使孩子认为凡事只要听从爸爸妈妈的安排和建议就好。作为父母，一定要充分尊重孩子，给予孩子自由选择的空间，让孩子为自己的选择承担后果，这样孩子才能知道很多事情都会引起严重的后果。

每个父母都知道孩子的成长过程是不可逆的，更应该知道，任何人都不可能替代孩子去成长。在现实的生活中，很多父母都经常犯的一个错误，就是想全权替代孩子，包办孩子的所有事情。在此过程中，他们以爱孩子的名义剥夺了孩子选择的权利，从来不会给予孩子尊重、理解和信任。事例中，妈妈看似对哲哲采取散养的方式，实际上是为哲哲设定了一个框架，也给予了哲哲充分的尊重的理解。正是在此基础上，哲哲才能反思自己的行为举止，也积极地改正自己不当的言行。

给予孩子尊重体现在很多方面，如尊重孩子的想法，积极地采纳孩子的建议,在孩子犯错误的时候能够理解和体谅孩子等等。坚持正面管教父母一定要尊重孩子,也要平等对待孩子。如果因为孩子犯错而批评或者惩罚孩子,那么不妨想一想自己在像孩子这么大的时候表现得又如何呢?父母要设身处地地为孩子着想,理解孩子的言行举止,才能在陪伴孩子成长的过程中,给予孩子更多的帮助和更强大的助力。

## 让孩子参与制定规则

俗话说,没有规矩,不成方圆。小到一个家庭,大到整个国家,都需要有规则,才能保持秩序井然地运行。在家庭生活中,很多父母都因为孩子不懂规则,不能主动遵守规则而烦恼,其实有一个很好的方法可以改善孩子排斥和抗拒规则的行为表现,那就是让孩子参与制定规则。

每个人都不喜欢被他人命令或者是强求,孩子也是如此。当孩子对于规则怀有排斥和抗拒的态度时,父母只要让孩子参与制定规则,孩子就会从心理上认为自己并没有被强求或者被控制,而是心甘情愿地在做一些事情。此外,当孩子成为规则的制定者,那么他们为了让言行一致,就会积极地遵守规则,这使得父母对孩子的教育更加效果显著。

最近这段时间以来,妈妈发现加加晚上睡觉的时间很晚,有的时候已经十一点钟了,加加还是磨磨蹭蹭地收拾书包。第

第三章
当孩子处于叛逆期，营造良好的家庭氛围很重要

二天清晨，因为头一天晚上睡得太晚，加加往往特别困倦。即使闹铃响了两三遍，但是他却翻来覆去地在床上打着滚地睡觉，就是不愿意起床。妈妈只好去喊加加起床，加加的情绪却很糟糕。他带着浓重的起床气，影响了一天的好心情。

如何才能改善加加晚上不睡，早晨不起的情况呢？妈妈想出了很多办法，如规定加加晚上几点必须睡觉，要求加加早晨几点必须起床，但是却收效甚微。后来，妈妈听说让孩子参与制定规则有助于孩子主动遵守规则，她决定试一试这个好方法。

趁着周末，妈妈召开了家庭会议，说因为加加要上学，爸爸妈妈都要上班，所以必须调整家里的作息规律，以后爸爸不能每天晚上都看电影到深夜，加加不能磨磨蹭蹭到很晚才睡觉，妈妈也要早睡早起，才能为全家人准备美味可口的早餐，并且让自己一天都神采奕奕。

妈妈说得面面俱到，爸爸和加加没有反驳的理由，因而双双举手表示赞同。接下来要做的事情就是制定规则。妈妈邀请大家一起参与制定规则，加加质问道："家里不都是你和爸爸说了算吗？我就不要参与了吧。你们制定规则，我只负责遵守规则就好。"

妈妈语重心长地对加加说："那可不行。你也是家里的一分子，你是家里最重要的小主人，所以你必须参与制定规则。在规则制定好之后，你还要主动遵守规则，并且承担起监督我们的重任呢！你知道，爸爸常常看电影到深夜，害得我也睡不

好觉，总是出现熊猫眼。我相信，有了你的监督，爸爸一定会表现得更好。"被妈妈委以重任，加加兴奋不已，他当即和妈妈爸爸一起研究要几点睡觉、几点起床。因为加加学习不能困倦，又因为佳佳正处于长身体的关键时期，需要充足的睡眠，所以妈妈特意把佳佳睡觉的时间提前了半个小时，这样她和爸爸可以在加加睡着之后，为加加盖好被子，然后再睡觉。听到妈妈分析得很有道理，加加当然表示同意。妈妈想得这么周到，他为此而深受感动。

自从亲自参与制定规则之后，加加的行为有了很大的改变，以往他把规则视为摆设，认为规则只是制定出来给人看的，并不能真正地得以执行。但是在亲自制定规则之后，又被妈妈委以重任，加加对于规则的认识更加深刻了。每天晚上，他都会主动洗漱，按时上床休息，还会提醒爸爸不要因为熬通宵看电影而耽误睡觉。加加变成了家里遵守作息规律的文明标兵，爸爸妈妈都表示要向加加学习。加加的表现越来越好，因为他想永远成为家里的文明标兵。

对于自己亲自参与制定的规则，孩子不会那么抵触和排斥。既然规则是由他们制定出来的，那么他们就要为自己的决定负责，也要想方设法兑现自己许下的承诺。也许有些父母会感到纳闷：孩子并没有承诺什么呀？的确，孩子并没有正式地向父母做出承诺，但是他们在制定规则的过程中提出了一些合理的建议，这些建议一旦被采纳，就会变成他们的承诺。所以为了让自己言行一致，孩子会积极主动地遵守规则，也会起到带头的作用。

需要注意的是，在很多家庭里，父母制定规则往往是针对孩子，而对于自身并没有约束力。这样的情况并不利于孩子遵守规则。孩子有很强的平等意识，如果他们发觉自己必须遵守某项规则，而父母却可以对这项规则置之不顾，那么他们就会因为内心失去平衡而对父母深感不满。既然家庭是一个整体，那么所有的规则就应该适用于所有的家庭成员，这样才能真正做到公平公正。

## 召开家庭会议，鼓励积极表达

如何才能让孩子积极地参与家庭事务呢？最好的办法之一就是召开家庭会议。在举行家庭会议的过程中，孩子不但能够学习父母如何解决家庭问题，而且还能与父母之间进行更好的沟通，与父母展开合作，与父母彼此尊重。如果父母引导得当，孩子还能积极地发挥创造性，从而有创意地解决各种问题。如果家里经常召开家庭会议，那么全家人之间就能够和谐融洽地相处。最好为家庭会议留下固定的时间。例如，规定每个月的月初、月末及月中，或者是每周的特定日子，都要举行家庭会议。

家庭会议是比较正式的叫法。在很多家庭里，如果觉得家庭会议的称呼太过正式和严肃，则可以把家庭会议的时间称为特别时光,或者是聊天时间。有一些特殊的家庭比如是重组家庭,或者觉得家庭会议的称呼不合适,那么还可以为家庭会议冠以其他的称呼。总而言之,每当到了特定的时间,全体家庭成员都会坐在一起,敞开心扉地进行交流,从而使家庭会议成为全家人都很喜欢的独特时光。

既然要把家庭会议作为程式化的一个活动项目,那么家庭会议中最好有一个固定的流程。例如,先致谢,再解决遗留的老问题,然后提出新的问题,当场进行讨论,最后说一说在未来的这段时间里家庭的日程安排,或者还可以提议举行一项活动。这项活动的应该是全家人都很乐意参加的。如果是非正式的家庭会议,也没有固定的议题,那么全家人可以在一起敞开心扉,诉说自己的心声,表达自己的感受。在这样的交谈氛围中,相信每个人都会感到非常开心。

也许有人会说,每天到家之后,成人忙着看手机,孩子忙着看电视,如何有心思召开家庭会议呢?的确如此,现代社会中很多人都受到手机的束缚,也会因为手机而分心,不能集中注意力去做一些事情。那么在召开家庭会议之前,我们就要摒弃那些干扰因素,如关掉手机,以免被各种信心或者是来电打扰;关掉电视,以免被电视节目所吸引。最好在特定的地点召开家庭会议,如客厅里的茶几旁或者是餐桌旁,也可以在阳台上以茶话会的形式召开家庭会议。

有的时候,某个家庭成员会因为一些特别的事情,不愿意参与家庭会议,尤其是孩子。如果孩子以正当的理由拒绝参

# 第三章
## 当孩子处于叛逆期，营造良好的家庭氛围很重要

加家庭会议，父母不要因此而强求孩子，而是要尊重孩子的选择，还可以在孩子缺席的情况下如期召开家庭会议。在召开家庭会议之前，不要忘记告诉孩子，只要他愿意，随时都能参加会议。当然，家庭会议可不要时间太长啊，最好提前设定家庭会议的时间，如半个小时。这样一来，对于家庭会议上没有当场决议的事情，可以留在下一次家庭会上继续讨论解决。只有在适宜的时间内按时结束家庭会议，才能避免家庭会议引起家人的反感。为了让家人进行充分的思考，在召开家庭会议之前，还可以贴出会议议程，列举会议上要讨论和解决的问题，这样全体家庭成员就可以提前进行思考，节省会议上的时间。

提前贴出家庭会议的议程还有一个好处，那就是公布家庭会议举办的时间和地点，从而让相关的家庭成员都提前安排好其他事情，以免因为其他事情而耽误参加家庭会议。

既然要对孩子坚持正面管教，那么家庭会议应该从感谢和致谢开始。在这个环节中，每个人都可以表达出自己对家庭和父母的感恩之心，也可以表达自己积极的情感。既然是家庭会议，一定是有主持人的，我们无需推举出一个固定的主持人，而是可以采取轮流制，即每个家庭成员轮流主持会议。这样做有什么好处呢？每个家庭成员所关注的重点是不同的，如果能够轮流主持会议，那么每个人都可以提出自己真正在乎和关心的内容，从而使家庭会议涵盖的面更广，也使家庭会议满足每个人的需求。

在家庭会议中解决问题的阶段里，对于那些全家人一致表

示同意的事情，只需要当时举手表决就能通过。如果全家人对于某件事情的意见并不统一，有不同的想法，那么可以留待下次解决。在下次召开家庭会议之前，每个成员都可以进行充分的思考。

有的时候，如果一件事情关系到整个家庭里的所有人，也关系到整个家庭的发展，那么有可能需要讨论很长时间，全家人才能统一意见，或者以多数通过。例如，家里要换房子，既牵涉到卖掉旧房子，也牵扯到购买新的房子，还牵扯到靠近某个人的单位或者是学校，也牵扯到会距离其他人的单位或者学校更远，其中就有利益的冲突。所以在决定这样的大事时，必须经过充分讨论，争取得到每个人的同意。

需要注意的是，不要寄希望于家庭会议能够解决每个人的问题，也不要寄希望于家庭会议能为每个人提供充分的选择。在这个世界上，对于任何问题都没有绝对完美的方案。对于家庭会议中提出的各项议程，家庭成员应该进行综合的权衡和考量，从而做出自己更倾向于的选择。

要想让家庭会议顺利召开，圆满结束，就要把握一个原则，即家庭会议的目的是解决问题，而不是召开批判大会，更不是对某个人进行批判和指责。只有坚持这个原则，家庭会议才能事半功倍。尤其需要注意的是，家庭会议要在全家人都到场的情况下举行，在家庭内部属于公开的场合，所以不要借着这样的机会批评某一个人，或者对某个人提出异议。如果家庭会议让任何人感到窘迫，那么这次家庭会议就是不成功的。如

## 第三章
### 当孩子处于叛逆期，营造良好的家庭氛围很重要

果并没有任何问题需要解决，那么也可以进行漫无目的的交谈，交谈的作用就是使每个人都能敞开心扉，使每个人都更加轻松快乐，这对于促进家庭的和谐和构建家庭的亲密关系是极其有好处的。

虽然家庭会议并不是一个卓有成效的正面管教方式，但是当父母在家庭中建立了召开家庭会议的机制，也能够坚持举行家庭会议，使家庭会议成为家庭生活的传统，渐渐地孩子就会受到潜移默化的影响。他们会对家庭更加心怀感恩，也会积极地解决各种问题，尤为重要的是，在与家人的亲密关系中，他们获得了实实在在的安全感。相信未来不管遭到怎样的问责，面对什么问题，他们都会安心地求助于家庭，其他的家庭成员也因此而感到自己是无所畏惧的，非常强大的。

在举办家庭会议的过程中，父母可以把选择的权利交还给孩子。在沟通的时候，还可以引导孩子进行综合的考量和权衡，从而做出理性的选择。这正是正面管教所坚持的原则和精髓。所以，不要觉得正面管教一定是有技巧或者是特定的方法的，所谓无为而治，当父母营造出良好的家庭氛围，孩子在积极向上的家庭氛围中健康成长，就能水到渠成地起到正面管教的积极作用。

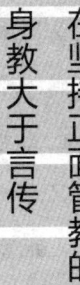

## 第四章 在坚持正面管教的家庭中，身教大于言传

　　所有孩子既然生活在家庭环境中，就离不开家庭教育的指引和帮助。父母在对孩子开展正面管教时，一定要坚持言传身教。其中，身教的作用又是大于言传的。有的时候，父母反复地对孩子唠叨，也未必会起到良好的教育效果。当父母以身作则，真正示范给孩子看的时候，孩子就会在潜移默化中受到积极的影响，也因为得到了父母在行为方面的强化，所以他们会有更加优秀的表现。

## 以身作则，给孩子做好榜样

虽然暑假已经结束了，但是全家人显然已经适应了暑假里优哉游哉的生活。爸爸每天晚上都会玩游戏到很晚，旭旭则会利用晚上的时间看故事书，或者是和爸爸一起玩游戏。妈妈最喜欢追剧了，她会捧着手机坐在被窝里，一集又一集地看电视剧。全家人谁也不干扰谁。有的时候，爸爸和旭旭还会结为同盟，和战友一起在游戏的世界里浴血杀敌呢。在其乐融融的家庭氛围中，暑假飞快地过去了，眼看着假期的余额明显不足，妈妈想要为旭旭调整作息时间。她担心旭旭开学之后也这样到半夜三更才睡觉，那么早晨就必然会起不来床，也会影响次日上课的效果。

距离假期结束还有一个星期，妈妈规定旭旭要在晚上九点半洗漱，十点钟准时上床睡觉。虽然妈妈说得义正词严，但却在第一天执行的时候就遇到了很大的阻碍。原来，旭旭看到爸爸妈妈一个正在玩游戏，一个正在看电视剧，他也不愿意上床熄灯睡觉。他赖在爸爸旁边，想和爸爸再玩一局游戏，爸爸正玩得兴高采烈呢，意犹未尽之余也就放弃了原则，邀请旭旭一起玩了起来。爸爸和旭旭一起玩完游戏，已经将近11点了。这个时候，妈妈也正好看完了又一集电视剧，她气急败坏地说："你们这爷俩真是太过分了，明知道马上就要开学了，也不抓

第四章 在坚持正面管教的家庭中,身教大于言传

紧时间调整作息。等到开学之后,我看你晚上不睡,早上不起,怎么办呢?"

旭旭不以为然地说:"谁让你和爸爸都不睡不起的?我是和你们学的!"听到旭旭的话,妈妈陷入了沉思,她当即就宣布了一条新规定:"今天晚上是第一天调整作息规律,以失败告终。从明天晚上开始,全家人都要遵守新的作息时间,不允许任何人例外。"爸爸瞠目结舌地看着妈妈,刚想表示反对,妈妈以毋庸置疑的语气说:"这是命令,也是通知,不允许表达反对意见!"

次日晚上,妈妈不再没完没了地看电视剧。晚上九点钟,妈妈就主动放下手机开始洗漱。她在洗漱之前还提醒旭旭:"最迟九点半要开始洗漱!"大概九点半,妈妈洗漱完从洗澡间里出来,看到旭旭还在看电视,爸爸还在玩游戏,当即下达命令:"旭旭,你去洗漱吧。"说着,妈妈还用手指指着爸爸,说:"你,也必须马上关掉游戏,去洗漱。十点,全家准时关灯。"看到妈妈已经做好了睡觉的准备,旭旭和爸爸虽然恋恋不舍,都不愿意关掉电视和游戏,但是他们知道妈妈这次是动真格的了,所以他们全都乖乖地去洗漱了。

十点钟,全家整个暑假期间第一次早早地关了灯。虽然旭旭很抵触上床睡觉,但是在关灯之后,他还是很快就呼呼大睡了。看到旭旭睡得香喷喷的样子,妈妈对爸爸说:"以后,我们必须给孩子做好榜样,否则只是教训孩子,要求做一些事情,根本没有效果。孩子现在鬼精鬼精的,他的眼睛盯着我们

呢。我们必须做出表率。"爸爸重重地点点头，说："老婆大人英明！"

妈妈说得很对，孩子特别追求平等，也希望家庭规则能够适用于每一个家庭成员。如果作为父母只为孩子制定各种规则，而自己却不愿意真正做到，那么孩子就会觉得有失公平，也就不愿意遵守规则。在上述事例中，妈妈在试图为旭旭调整作息时间，被旭旭拒绝配合之后，妈妈考虑到旭旭的感受，决定先从自己开始做起，给旭旭做好榜样，还要求爸爸也必须积极地遵守时间，从而让旭旭无话可说。

家庭是一个整体，在家庭生活中，每一项规则都应该适用所有的家庭成员。父母作为教育孩子的主导者，在教育孩子的过程中，更是要以为孩子示范榜样为重，而不要总是对孩子做出各种错误的引导和示范作用。所谓言传身教，身教的作用大于言传，如果以言传的方式不能起到良好的教育作用，那么我们就要以身教的方式为孩子树立榜样。孩子是很善于模仿的，他们不但会模仿一些坏事，更是会模仿一些好事。由此可见，父母要为孩子营造良好的家庭氛围，给孩子树立积极的学习榜样，这些行为对于孩子的成长都是至关重要的。

在很多家庭里，只许州官放火，不许百姓点灯，会给孩子造成很糟糕的感受。当孩子看到自己必须严格遵守很多规矩，而父母却可以置身于规矩之外，以高高在上的权威者姿态对自己发号施令时，他们就会心生抵触。为了避免孩子抵触，父母要坚持对孩子进行正面管教，既要对孩子进行身教，也要和孩

第四章 在坚持正面管教的家庭中,身教大于言传

子一起遵守规矩,这样才能起到良好的教育效果。

## 让孩子自己处理兄弟姐妹间的矛盾

在不只有一个孩子的家庭里,兄弟之间、姐妹之间发生争斗是难以避免的。作为父母,总是希望孩子能够和谐相处,相互友爱。那么,当孩子之间真正发生矛盾和斗争的时候,父母又应该怎么做呢?

每当发现孩子之间发生矛盾,很多父母就会当机立断批评那个略微大一些的孩子,或者是实力更强的孩子。他们几乎不假思索地介入孩子之间的所有争斗,而且坚定不移地站在某一个孩子的身边,仿佛他们即使不在现场,也知道这场争斗是由谁挑起的,谁是真正的始作俑者。他们和那个自己坚定不移支持的孩子一起惩罚那个有罪的孩子,当被判定有罪的孩子亲眼看到父母宠爱那个无辜的孩子时,他的眼神之中充满了不解,充满了遗憾,甚至充满了憎恨。在这样的情况下。唯一的后果就是那个被判定有罪的孩子更加憎恨那个看似无辜的孩子,因为他们很清楚那个无辜的孩子并不真的无辜,而他们即使被判定有罪,也并不是整个事件的唯一责任人。

父母包办孩子之间的争斗,试图以居高临下的地位来判定孩子之间争斗的责任归属,这显然使孩子觉得很不公平。明智的父母不会总是这样先入为主。如果父母充满了智慧,他们

就会分别和争斗中的孩子进行沟通,试图还原真相。如果父母掌握了最高的技巧去解决孩子之间的矛盾。那么他们就会赋予孩子力量,让孩子们自己去解决好与兄弟姐妹之间的矛盾和纠纷,从而从根本上改善兄弟姐妹之间的相处模式和手足关系。

父母给予孩子力量分为两种情况。父母如果能够让孩子每次都得到小小的进步,那么相信在经过很多次的矛盾和纠纷之后,孩子们的力量就会大大地增强。他们会更加圆满地处理和解决各种问题,从而能够更加从容地与兄弟姐妹相处。具体来说,父母应该做到以下几点。

首先,父母应该跟十几岁的孩子聊一聊,看看他们对于兄弟姐妹有怎样的看法,或者是在与兄弟姐妹的相处过程中有怎样的感受。不管孩子说了什么,父母都不要当即表示反驳或者是否定,因为最难能可贵的是,孩子能够真正地对父母敞开心扉,诉说自己的真实感受。对于父母而言,不管决定采取以怎样的方式与孩子相处,或者解决孩子之间的矛盾与纷争,最重要的是要知道真正发生了什么。

其次,对于所有孩子都平等对待,一视同仁,既不偏袒,也不故意惩罚。当孩子之间频繁地发生矛盾和冲突的时候,父母即使介入其中,帮助孩子们解决问题,也要随时保持反思的状态,要想到自己是否让某一个孩子多次地逃脱了惩罚。事实是毋庸置疑的,即一个巴掌拍不响,一切的矛盾和争斗之所以产生,每个孩子在其中都要承担一定的责任,所以如果父母偏袒一个孩子,责罚另一个孩子,显然会让孩子心怀不满,也会

## 第四章 在坚持正面管教的家庭中，身教大于言传

让父母在孩子面前失去权威。

再次，不要把小孩子委托给大孩子照顾。很多父母都认为大孩子有责任和义务照顾好小孩子，并且以自己小时候就经常照顾弟弟妹妹为例子来说服大孩子花费更多的时间和精力在小孩子身上，其实这对于大孩子而言是不公平的。虽然大孩子早于小孩子出生，但是这并不意味着大孩子要牺牲自己快乐的童年，承担起保姆的角色。在此过程中，父母也可以审视自己在成长过程中与兄弟姐妹之间的关系，因为这会在潜移默化之中影响父母处理好自己的孩子之间相处的问题。

最后一点也是最重要的一点就是，当一个孩子犯错的时候，父母切勿迁怒于另一个孩子，也不要因此而惩罚另一个孩子。每个孩子都要学会对自己的行为负责，他们都要勇敢地承认错误，也要承担起属于自己的责任。如果父母总是混淆是非，颠倒黑白，那么孩子渐渐地就会失去明断是非的能力。在一个家庭之中，父母相当于审判官，一要做到秉公办事，二要做到公平公正，这样才能让孩子们都拥有良好的成长感受。

如果父母能够做到以上四点，那么在处理孩子之间的矛盾和争斗时，他们就基本可以控制住局面，让事态得以稳定地向前发展。父母还可以推动事态朝着积极的方面发展。当然，只做好这几个方面是远远不够的，要想一劳永逸地解决孩子之间的问题，父母要把握的原则就是不介入孩子之间的争斗。这样的无为而治看起来很简单，仿佛是对孩子的一切争斗都

视若无睹,都不加以处置,而实际上却是父母最高智慧的表现。不介入孩子之间的争斗,并不意味着父母任由孩子继续争斗下去,而是父母要采取更有效的方式来制止孩子,让孩子停止争斗。

前文我们说过,可以定期举行举办家庭会议,在会议上讨论一些问题,也可以通过达成一致的方式解决很多问题。如果两个孩子之间经常发生矛盾或者是争斗,何不把这个问题放在家庭会议上进行公开的讨论呢?在讨论的过程中,要注意不带个人的主观色彩,不带偏见,尽量做到就事论事,也尽量做到公平公正。

不管孩子的表现如何,父母都不能给孩子贴标签。十几岁的孩子尽管叛逆,但是他们在内心深处其实渴望得到父母的认可和肯定,所以不应该给孩子贴标签,否则就会让孩子形成错误的自我认知。如果孩子的确有很严重的心理问题,那么,父母可以带着孩子一起去寻求心理医生的帮助。

在家庭生活中,对于那些需要供应的东西,最好让孩子之间达成一个协议。例如,他们轮流坐在副驾驶的位置;他们共同使用一个房间;他们轮流看自己喜欢的电视节目;他们轮流决定当天吃他们喜欢的食物。这样的协议让他们不再因为这些生活的小事而产生矛盾。当然,有的时候孩子之间的矛盾并不仅仅停留在言谈的分歧上,还有可能会发生各种激烈的争斗,如发生严重的肢体冲突。在这种情况下,父母既要继续坚持不介入的原则,又要停止孩子之间的打架斗殴行为,最好的办法就是把两个孩子分开,让他们分别待在不同的地方,冷静下来进行自我反思。如果他们想继续在一起玩耍,那么他们必须保证不再打架。在很多情况下,情绪的冲动只是一时的,会给我们很强的推动力。等到过了情绪的巅峰,情绪渐渐地消退之后,孩子们就能够恢复理性思考,也会做出有利于自己的决定。

在不只有一个孩子的家庭里,每个孩子都是不同的生命个体,每个孩子都有自己的优势和特长,也有自己的缺点和不足。作为父母,既要看到每个孩子的优点,也要看到每个孩子的缺点,但是不要把孩子们混为一谈,更不要试图把所有的优点都集中到一个孩子身上。这显然是行不通的。

在家庭生活中,也不要把孩子们放在一起进行比较,这就相当于挑衅孩子们进行决斗,后果往往会让父母特别抓狂。父母要发自内心地欣赏孩子的不同,并且鼓励孩子发挥各自的优势和特长,从而让自己具有更明显的辨识度,这才是父母真正应该做的事情。

有血缘关系的兄弟姐妹之间打打闹闹是正常情况,作为父母,在坚持正面管教的原则时,一定要对兄弟姐妹之间的争斗怀着淡然处之的态度,不要兴师动众,也不要反应过激。父母只有真正做到公平公正,也能够透过孩子的行为看到孩子隐藏的心理需求和心理动机,才能有的放矢地引导孩子更好地与兄弟姐妹相处,也才能营造和谐融洽的家庭氛围。

## 积极地寻求帮助，与孩子合作

现代社会中，谁还能够过特立独行、自给自足的生活呢？每个人都是社会中的一员，每个人都需要在社会中与他人保持合作的关系，从而实现自己的目标。大多数情况下，即使没有真正意义上的合作，我们也需要得到他人的帮助，才能增强自己的力量，让自己做好很多事情，达成一些目标。

对于家中十几岁的孩子，很多父母都感到抓狂，因为这些孩子更愿意听从他人的话，而不愿意听从父母的话，这到底是为什么呢？细心的父母们会发现，孩子们更愿意听老师的话，也很愿意听亲戚朋友的话，甚至很愿意听同龄人的话，但是唯独会与父母针锋相对，故意与父母对着干。这是因为孩子正处于叛逆期，他们心理上渴望着能够摆脱父母的照顾，独立地生存，所以在这个阶段里，孩子与父母之间的关系会呈现出疏离的状态。了解孩子的身心发展特点之后，父母就不会因此而觉得孩子是在故意与自己作对，而是会更加理解和体谅孩子。

让人感到非常有趣的是，十几岁的孩子得到其他成人的激励会感到特别兴奋，但是当父母真诚地对他们表示认可和赞美时，他们却觉得父母所说的话并不是认真的。这是为什么呢？在很多家庭里，每到写作业的时候就会鸡飞狗跳，是因为孩子不愿意在父母的唠叨声中积极地完成作业，如果父母拜托家庭教师陪伴孩子完成作业，那么孩子的表现就会有天壤之别。他们会非常乖巧，很愿意配合家庭教师积极地完成作业，由此可

## 第四章
### 在坚持正面管教的家庭中,身教大于言传

见,在必要的时候,父母可以寻求其他成年人的帮助,与孩子之间进行良好的沟通。所谓其他的成年人,可以是家中的亲戚朋友,或者是孩子的教练老师等。这些成年人在孩子成长的过程中都扮演着很重要的角色。

在此过程中,父母往往会忽略一点,那就是他们也更愿意听从其他成人的建议,而不愿意倾听孩子的心声。例如,孩子希望父母不要再唠叨,并且向父母保证自己会按时完成作业,但是父母往往不愿意相信孩子,他们依然会反复地叮咛孩子,甚至会采取一定的措施监视和催促孩子。在这样的情况下,孩子又怎么能不心生叛逆呢?如果换作家庭教师建议父母不要对孩子过多干涉,要给孩子更大的自由空间,那么父母往往能够虚心地采纳这个建议。

为了改善这样的情况,父母可以创造更多的机会让孩子与其他成人相处,也与其他人进行积极的合作。例如,可以给孩子报名一些兴趣班。父母在征求孩子意见的前提下给孩子报名一些兴趣班,或者让孩子参加丰富多彩的校外活动。在参加这些活动的过程中,孩子会从其他成人身上得到更多的启迪,也会在与他们进行交流的过程中,对自己进行深入的反思。

父母必须认识到的一点就是,十几岁的孩子不愿意凡事都依赖父母,他们渴望自己能够走向独立,尽管有的时候他们需要他人的帮助,但是这并不意味着他们完全依赖父母。所以父母可以告诉孩子自己随时都能为孩子提供帮助之后,就可以从孩子的生活中暂时退出。父母只需要站在远远的地方看着孩子

成长，在必要的情况下鼓励孩子积极地与他人合作，这就已经足够了。做到这些，孩子就能寻求更多的力量之源，从而以更有效的方式达成自己的目标。

也有一些孩子因为自尊心作祟，所以不愿意向父母或者是其他成年人求助。他们正处于青春期，觉得自己无所不能，觉得自己什么都懂，甚至觉得自己可以达成所有目标。但是当真正在实现目标的过程中受到挫折的时候，他们又感到忐忑不安，甚至感到沮丧绝望，使自信心受到沉重的打击，甚至没有勇气再次尝试。显然，父母不愿意孩子接受这样的挑战，他们更希望孩子能够快乐地成长。既然如此，父母就应该以身示范，在工作的过程中，在学习和生活的过程中，也可以积极地寻求帮助，寻求合作。父母的言传身教对孩子所起到的作用是很强大的，当孩子看到父母也需要得到他人的帮助时，他们就会更坦然地寻求帮助，这对于孩子的成长意义深远。

## 和孩子一起制订计划，合理安排生活

在坚持正面管教的过程中，要想有效地训练孩子，有一件事情是不容忽视，即必须和孩子一起制订计划，合理地安排生活。其实这就是对于时间的充分利用。古今中外，科学家经过研究发现，大多数普通人在智力方面都相差无几，之所以有的人能够获得成功，有的人总是与失败纠缠，有的人把事业做得

## 第四章
在坚持正面管教的家庭中，身教大于言传

风生水起，有的人整日忙忙碌碌却始终碌碌无为，就在于他们对时间的掌控不同。成功者是时间的主人，他们即使只有很少的时间，也能够充分发挥时间的效力，而失败者却是时间的奴隶，他们哪怕拥有很多的时间，也总是被时间催促着往前走，处于非常被动的状态。

现代社会生活的节奏越来越快，生存的压力越来越大，每个人每天都如同陀螺一样旋转个不停，都有各种各样的事情要做。哪怕是作为孩子，学习的节奏也是非常紧张的，所以要首先学会掌控时间。

为了帮助孩子节省时间，制订完美的计划，很多父母都会一厢情愿地独立制订计划，并且在确保计划无懈可击之后，才把计划展示给孩子看。其实，这样做看似为孩子节省了时间，孩子却不能真正地执行计划，也不能理解时间的含义。父母在这么做的同时，还失去了一个绝佳的机会，原本父母可以借助于这个机会培养孩子优秀的品行，帮助孩子习得人生技能。那么，正确的做法是什么呢？父母不要代替孩子做计划，而是要与孩子一起制订计划，在此过程中引导孩子合理地安排生活。如果父母把时间安排得分秒不差，那么就会给孩子以很强烈的压迫感，又因为这个计划是父母独立做出来的，所以孩子往往心怀排斥和抵触。父母必须把孩子作为行为的主体，让孩子积极地参与其中，作为和父母一样的主体制订计划，进行安排，孩子对于计划和安排的态度才会有根本性的转变。

父母代替孩子还会让孩子对父母产生很强的依赖性。现代社会中，很多老人都抱怨孩子不懂得感恩，不懂得孝敬父母，也觉得孩子没有达到他们的预期。其实这与孩子自身的能力并没有太大的关系，而是因为在成长的过程中，孩子已经习惯了依赖父母，所以哪怕父母已经老了，孩子也不能转变思想。父母与其等到自己老无所依才感到后悔，还不如从现在开始就着手培养孩子的独立性，循序渐渐地引导孩子独当一面。

现实生活中，很多人都抱怨自己没有时间。例如，成年人会抱怨自己忙于工作，没有时间照顾家庭，陪伴孩子；孩子会抱怨自己忙于上各种各样的课外班，没有时间发展兴趣爱好，没有时间和同学交往。总而言之。没有时间已经成为所有人的口头禅，他们却丝毫没有意识到自己在混乱和沮丧中浪费了多少宝贵的时间。要想改变这种局面，要想从根本上解决问题，就必须制订一个好的计划。当然，制订计划需要面面俱到地进行思考，并且要经过仔细的斟酌，才能筛选出自己必须做的各种事情。做到这一点同样需要花费大量的时间，但是我们应该把时间花在最重要的地方，制订计划就是我们最值得花浪费时间的事情之一。当我们花费了很多的时间和精力，终于制订出一个趋于完美的计划，并且这个计划有很强的可行性，那么接下来我们就可以按部就班地，按照计划的指引做好每一件事情。在这种情况下，我们所节省的时间一定会远远超过制订计划所花费的时间。

时间是组成生命的材料，也是构成生命的载体。如果没有时间，生命也就不复存在。大文豪鲁迅先生曾经说过，时间

# 第四章
## 在坚持正面管教的家庭中，身教大于言传

就像海绵里的水，只要挤一挤，总还是有的。他还说，浪费别人的时间就等于谋财害命。那么浪费自己的时间呢？无异于自杀。显而易见，生命对于每个人都只有一次机会，生命是非常宝贵的，所以我们一定要珍惜时间，才能把控生命。

转眼间，还有几个月就要初三毕业了，就要进行中考，嘉琪的学习成绩却还是很不理想。在整个城市中，初中生升高中的比例大概是50%，这就意味着佳琪作为中等生很有可能考不上高中，因而与大学绝缘。一想到这个结果，佳琪就很不甘心，虽然她从来不擅长学习，在学习上也没有过出类拔萃的表现，但是她认为自己还是应该去大学里学习几年，至少这样可以认识很多大学同学，也可以在大学浓郁的学习氛围中让自己脱胎换骨。但是只剩下几个月的时间了，一切还来得及吗？

在有一次举行家庭会议的时候，全家人针对中考问题进行了开诚布公的讨论。在这次讨论中，爸爸妈妈的态度非常平和，佳琪也就能够敞开心扉说出自己真实的想法。得知佳琪一心一意地想要上高中，爸爸妈妈当即表态，说他们会拼尽全力地帮助佳琪，也会为佳琪提供最好的条件进行中考冲刺。

爸爸妈妈果然说到做到，在征求佳琪的同意后，他们花费重金为佳琪报名了一对一的家庭补习班。家庭老师可以针对佳琪的特点进行目标明确的补习。此外，他们也要求佳琪制订一个详细周密的学习计划，毕竟时间一天一天过去，每浪费一个小时，都会使佳琪距离高中更远一步。嘉琪原本特别不喜欢制订计划，但是现在的她知道时间紧迫，所以当即就为自己制订

了详细周密的学习计划。制订好计划之后,她还计划拿给爸爸妈妈看。爸爸作为高中的老师,很快就指出了佳琪计划中的不合理之处,佳琪也很主动地进行了调整。妈妈则从生活方面帮助佳琪完善了计划,让计划变得更加合理。在全家人齐心合力的努力之下,嘉琪终于有了一个完美的学习计划,她决定不管多么艰难,都要按照计划去执行,做好每一件事情和每一个复习的步骤。几个月过去了,佳琪学习得非常辛苦,整个人都瘦了一大圈,但是她的精神非常好,她觉得充满了信心,立志要考取一所不错的高中。

很快,中考的成绩出来了,佳琪如愿地进入了一所心仪的高中,全家人都兴奋不已。妈妈还决定花费重金带着佳琪出去旅游一圈,以示庆祝呢!

如果一个孩子在学习上始终当一天和尚撞一天钟,没有明确的计划,只是在敷衍了事,那么在制订计划之后,他们对于时间就能够争分夺秒地利用,也就会获得很大的提升。事例中的佳琪就是如此。虽然距离中考只有几个月的时间了,但是她不抛弃不放弃,继续坚持努力,最终让自己获得了蜕变,让自己的成绩获得了很大的提升。

我们在做每件事情的时候都应该追求高效率,做事情不但要快,而且要又快又好。很多人做事情又慢又差,就是效率低下的表现。所以不要觉得花费更多的时间能提升做事情的质量,有的时候反而花费更多的时间会使做事情的质量大大降低,所以我们要在速度与质量之间寻求一个最佳的平衡点,从

# 第四章
## 在坚持正面管教的家庭中，身教大于言传

而两者兼顾。计划就是帮助我们提升速度和质量的一个灵丹妙药，当我们做好了周密的计划，并且按部就班地根据计划的提示去完成每件事情的时候，我们对时间的利用率就会大大提升。

俗话说，一年之计在于春，一日之计在于晨。这句民间俗语告诉我们计划的重要性。计划不但能为我们确立目标，还能为我们明确努力的方向，也激励我们始终坚持制订计划，并且在计划的指引下把控时间。只有做到这一点，我们才能成为时间的主人，也才能实现自己预期的结果。

## 激发孩子的兴趣，培养孩子的爱好

即使做同样一件事情，是否怀有兴趣所产生的结果也是完全不同的。正如人们常说的，兴趣是最好的老师。在进行正面管教的过程中，如果父母善于利用孩子的兴趣，激发孩子学习的欲望，那么孩子就能把握住很多好时机，从而让自己在相应的活动中取得良好的结果。利用孩子的兴趣，父母还可以激发孩子的求知欲，从而引导孩子积极地投入学习之中。总而言之，兴趣对于帮助孩子学习和成长是非常有好处的。

举个简单的例子而言，很多孩子都喜欢玩游戏，那么父母如果能够以游戏为切入点，激发孩子对于计算机的兴趣，引导孩子学习关于计算机的很多技能，那么往往事半功倍。再如，

很多女孩都特别喜欢样式新颖的时装，那么既可以激发孩子对时装的兴趣，让孩子学习绘画，学会搭配色彩，也可以利用孩子购买时装的机会，培养孩子的金钱观念，让孩子学会做出购买计划，进行精确的购买预算。如果更深一步地对孩子进行引导，还可以让孩子尝试着以各种方式去赚钱，培养孩子的财商。人们常说，处处留心皆学问，其实，在生活中，父母只要处处留心，就可以找到很多机会陪伴孩子一起成长。

从这个角度来看，当孩子对一些事情表现出浓厚的兴趣时，父母切勿打击孩子的积极性，而是要因势利导，让孩子发挥兴趣。哪怕孩子做出的一些决定并不明智，父母也要尊重孩子，并且支持孩子。有的时候，即使父母否定孩子或者对孩子进行说教，孩子也不会改变心意。与其如此，为何不让孩子亲自去撞一撞南墙，让孩子亲自领悟到父母对他们的劝导是正确的呢？这样孩子才能真正改变想法。

升入初中一年级之后，乐乐对计算机表现出浓厚的兴趣。在小学阶段的课程中，乐乐学过如何制作PPT。在初一阶段，老师经常会让孩子们进行演讲等有益的活动，每当需要做PPT的时候，乐乐就会成为小组里最专业的PPT人才。老师开班会也会用到PPT，还邀请乐乐帮忙做呢！乐乐为此获得了很大的成就感。

看到乐乐在计算机方面表现出浓郁的兴趣，妈妈决定因势利导，培养乐乐学习计算机。虽然初中生的父母都觉得不应该浪费任何时间用于学习以外的地方，但是妈妈却觉得孩子的学

## 第四章 在坚持正面管教的家庭中，身教大于言传

习应该是一个立体的呈现，而不应该只是一个平面的展示。学习学校里的知识，只是孩子学习的一部分，对于孩子而言，如果他们想学习其他知识，也会促进学校里的学习。在这种想法的驱使下，得知学校里要选出学生代表接受计算机培训，参加省级和国家级的机器人大赛，妈妈当即就支持乐乐报名。

参加机器人大赛需要进行为期一个多月的培训，每天下午放学之后都要抽出一个小时的时间留在学校里进行学习，而且周末也要抽出一天的时间进行集训。最重要的是，很多同学在得知需要占用这么多的学习时间之后，还没有和父母商量呢，就主动退出了。只有乐乐始终坚定不移地参加测试，最终的结果是，乐乐得到了这个珍贵的机会。

回到家里，乐乐把自己被选中的消息告诉了妈妈，他原本还担心妈妈不想影响学习，因而不允许他参加呢，却没想到妈妈高兴地说："这个机会可真是太难得了！只要你能合理地利用和安排时间，我相信并不会影响你正常的学习生活，反而还会促进学习呢。"看到妈妈如此开明，乐乐高兴极了。

经过一段时间艰苦的训练之后，乐乐在省级比赛中获得了很好的名次。后来，他又和小组同学一起参加了国家级比赛。整个培训过程和比赛维持了两个多月的时间，乐乐的学习成绩没有受到任何影响，反而还有了很大的提升呢。看着乐乐拿回家里的证获奖证书，妈妈真诚地问乐乐："关于对于这次计算机比赛，你有什么感想吗？"乐乐感慨地说："我的感想和你之前说的一样，只要我能够合理利用和安排时间，非但不会影

响学习,还能够促进学习呢!"

后来,乐乐立下了宏伟的志向,那就是长大之后从事计算机方面的工作。他知道,要想从事计算机方面的工作,就必须学好数理化,尤其是数学。原本,乐乐在数学学习方面处于弱势,现在他却拼尽全力地学习数学,对学习数学的信心也越来越强了。

很多父母都把孩子的学习与成长孤立开来,认为学习是孩子生活的唯一,实际上学习与孩子的成长是密切相关的,而孩子的成长则是立体的。当发现孩子对某些方面有浓厚的兴趣时,父母一定要因势利导,抓住这个机会培养孩子的爱好,鼓励孩子多多学习一些知识,积极地抓住各种机会参加竞赛,这么做不但能够激发孩子的求知欲,也能够让孩子爆发出学习的强劲动力,还能够开阔孩子的眼界,让孩子以更快的速度成长,获得更大的进步。

对于每个人来说,在成长过程中,方方面面的能力都是相互关联的,所以成长也会出现互相联动的情况。父母要把孩子看成是学习的主体,而不要把孩子看成是学习的机器,要尊重孩子在学习方面的一些选择,并且为孩子提供最便利的条件。很多父母为了让孩子学习,不允许孩子发展兴趣爱好,却不知道当孩子拥有自己的兴趣爱好,也立下伟大的志向时,他们在学习上就会从被动学习转化为主动学习,就会从疲倦懈怠到动力满满。

第四章
在坚持正面管教的家庭中，身教大于言传

## 和孩子一起专注于解决问题

在坚持正面管教的家庭中，父母的一个重要教育原则就是解决问题。每当问题发生的时候，他们第一反应就是如何解决问题，并且他们会专注于解决问题，而不会忙着推卸责任，更不会批评或者指责孩子。当整个家庭都形成了亲密的关系，所有的家庭成员都能够专注于解决问题，那么家庭生活就会更加和谐融洽。至少作为家庭教育主宰者的父母，不会因为发生了问题就寻找责任人，导致家里鸡飞狗跳。

在传统的家庭教育之中，很多父母都会对孩子发号施令，他们认为孩子既然因着自己才来到这个世界上，依靠自己的照顾才能生存下来，所以自己就对孩子享有至高无上的权力。当孩子对他们表示抗拒或者是抵触的时候，他们还会以惩罚的方式威胁孩子，甚至以剥夺某种权利的方式让孩子感到失落沮丧。毫无疑问，这都是消极的教育方式。如果父母不能寻找积极的方法解决问题，并且以积极的教育方法取代消极的教育方法，那么就会使家庭教育陷入糟糕的状态。

十二岁的乐乐自从上了初一之后，就不愿意再和爸爸妈妈一起出门了。他很想独自展开行动，如周末去补课的时候，他会自己乘坐公交车倒地铁去补课地点。或者是出去玩的时候，他也会独自一人或者约着同学一起出去玩。总而言之，哪怕父母提出想陪伴在他的身边，他也往往会表示拒绝。妈妈虽然为此感到欣慰，知道这是乐乐正在成长的表现，但同时妈妈也很烦恼。因为乐乐在独自展开行动去很多地方之后，往往不会主动与妈妈沟通，甚至不给妈妈打电话。有的时候，看到乐乐迟迟没有回家，妈妈想打电话询问乐乐的情况，乐乐也常常因为把手机调成了静音或者震动，而不能及时地接妈妈的电话，这让妈妈特别抓狂。

有几次，妈妈打电话给乐乐都没有接通，她忍不住当着爸爸的面愤愤不平地说："回家我就把他的手机给扔了。既然拿着手机不接电话，还要手机干什么呢？！"爸爸非常淡定，他安抚妈妈："孩子都这么大了，能出什么事儿啊！你要放松一点，而且你把他手机扔了，能解决问题吗？等你过了气头，他还需要手机，你还不是得再花钱给他买一个？此外，你扔掉他的手机还会导致你们之间的关系紧张恶化，这岂不是事与愿违吗？我认为，既然你想让他给你主动打电话汇报行踪，就可以和他好好沟通，说不定还能圆满地解决问题呢！"妈妈认为爸爸说得很有道理，她陷入了沉思，开始反省自己的冲动和愤怒。

等到乐乐回到家里之后，妈妈语重心长地对乐乐说："今天，我给你打了好几个电话，你都没有接。我很担心你的安全。按道理来说，你才十二岁，并不具备独立行动的能力，我和爸爸之所以允许你独立行动，是因为我们很信任你。但是信任并不意味着我们不会担心你，毕竟现在社会上有很多坏人，也会发生一些突发的情况。所以如果你觉得我经常给你打电话让你感到很烦，那么你可以在一天之中固定的时间里给我打电

## 第四章
### 在坚持正面管教的家庭中，身教大于言传

话报平安。例如，你到达目的地之后，可以电话告知我你到了；到了该回家的时候，你因为一些原因而耽搁了回家，你也应该告诉我你还需要多长时间才能到家。这样我就不会因为着急而持续地给你打电话了，你觉得如何呢？我们把打电话的权利交给你，只要你能够做得很好，我们就不会随意地打电话给你。"听到妈妈言辞恳切的话，乐乐当即点头表示同意，他向爸爸妈妈保证："以后我会及时给你们电话的，放心吧，我会照顾好自己的！"

当出现问题的时候，如果父母只顾着追究孩子的责任，就会把自己与孩子对立起来。如果父母能够坚持正面管教的教育理念，那么就要致力于和孩子一起解决问题，以积极的方式与孩子沟通。其实，对于叛逆期的孩子而言，他们并不希望自己与父母针锋相对，而是希望能够圆满地解决问题。所以父母要理解孩子的这种想法，做到与孩子和谐友好地相处。

作为父母，虽然会打着爱孩子的旗号，为孩子做很多事情。但是在日常的生活中，渐渐地，孩子对爱就会感到麻木。不如真正地回想起自己为孩子担忧的情况，是想要迫不及待地责骂孩子，还是想要向孩子表达你对他们的深爱和担心呢？父母必须与孩间建立情感的联结，才能让亲子教育有所依托。

父母还要明确的一点是，虽然处于叛逆期的孩子常常与父母对着干，但是他们的本心并不是想惹父母生气。如果父母能够在亲子教育中起到主导作用，保持平静的情绪，向孩子表达自己的感受，那么就能与孩子更好地沟通；如果父母习惯于以

负面的方式与孩子进行沟通，那么孩子就会更加叛逆；如果父母能够以积极的方式与孩子进行沟通，那么就会惊喜地发现孩子在接下来的时间里有了明显的改变。这是因为情感连接能够帮助孩子进行自我纠正，让孩子反思自己的行为，也让孩子对父母做出积极的回应，也能够更好地与父母进行互动。

不管在什么情况下，我们都应该专注于和孩子一起解决问题。作为父母，我们要为孩子提供最强大的助力，也要给孩子以真正的支持和帮助。相信在父母的共同努力之下，孩子能够反思自身的言行举止，并且在父母指引下于迷惘和困境中找明道路。

# 第五章 无条件接纳和深爱孩子，为孩子营造充满爱和自由的环境

所谓正面管教，核心在于不骄纵，不宠溺，不惩罚，坚持和善而坚定地教养孩子。在此过程中，还要把爱的信息传递给孩子。每一个父母都应该无条件地接纳和深爱孩子，这样才能为孩子营造充满爱和自由的环境，让孩子健康快乐地成长。

## 向孩子传递爱的信息

在很多家庭的教育中,父母都会对孩子怀有指责的态度,这使孩子感到特别不安。尤其是在犯了错误的情况下,他们不知道自己会得到父母怎样的对待,所以往往会采取撒谎或者隐瞒等消极的方式,逃避面对父母。孩子之所以出现撒谎或者隐瞒的行为,是因为他们不够信任父母,不知道当父母知道真实的情况之后会如何对待他们,这时父母应该进行反省,反思自己的教育方式对孩子是否适用。教育也是一个磨合的过程,只有使亲子双方都感到舒适的教育,才是最好的教育。

很多孩子因为缺乏安全感,所以会出现逃避躲闪等行为。父母只有给予孩子足够的安全感,让孩子知道家是他们永远可以依靠的地方,父母将会无条件地支持和帮助他们,他们才会向父母敞开心扉,才会把自己的很多情况都告诉父母。在一切的家庭教育中,开展教育的基础就是父母要赢得孩子的信任,与孩子之间进行积极的互动和沟通。只有父母与孩子之间相互信任,家庭生活中才能建立真正良好的亲子关系。

作为父母,当冲动地想要责骂或者惩罚孩子的时候,除了要默念"是亲生的"之外,还要牢记把爱的信息传递给孩子。只有感受到父母的爱,孩子才会获得安全感,也只有在父母爱的包围中,孩子才愿意向父母敞开心扉,吐露心声。

向孩子传递爱的信息有很多方式，除了要给予孩子理解和尊重之外，在孩子遇到难题的时候，父母也要真心实意地为孩子出谋划策。尤其是在孩子遭遇困境时，父母切勿对孩子落井下石，而是要给予孩子鼓励和帮助。与其锦上添花，不如雪中送炭，这既是人际交往的原则，也是亲子相处的原则，父母要始终牢记这一点。

如果孩子做出的事情让父母感到抓狂，父母怒火中烧，无法控制住自己的怒气，那么就要想到自己发怒的后果。只有预见到后果，父母才能有所控制。对孩子而言，他们已经做出了某些行为，已经造成了事实，父母即使再生气也不能改变客观发生的事实。在认识到这一点之后，相信父母会积极地寻求办法解决问题。毕竟父母的目的是对问题防患于未然，也是在问题发生之后避免再次发生同样的情况，这样才能起到真正保护孩子的作用。

## 站在孩子的角度看待问题

人具有很强的主观性，在看待问题和解决问题的过程，人会情不自禁地站在主观的角度上观察问题，深入了解问题，也试图寻想出办法解决问题。父母对待孩子也同样如此。虽然父母一心一意地爱着孩子，愿意为孩子付出很多，但是当孩子的表现不能让父母如愿的时候，父母就难逃主观的影响，会在主观驱使下对孩子做出一些有失公允的举动。

前段时间，武汉江夏一中发生了一起跳楼事件，14岁的少年因为在课间和同学一起打牌，被老师严肃批评，又被老师请来了妈妈。妈妈到达现场之后，不由分说就给了孩子两个大耳光，而且还用手死死掐住孩子的脖子，这让孩子感到无地自容。尤其是站在走廊上，同学和老师川流不息，更是严重伤害了孩子的自尊。这位家长的做法其实是可以理解的，因为接到老师的电话之后，她一定感到非常生气，既觉得孩子在老师面前丢了她的面子，又意识到自己既然去了学校，就要给足老师面子，向老师表达自己要严肃批评教育孩子的态度，给老师一个交代。然而，也许是因为习惯了以这样简单粗暴的方式对待孩子，这位妈妈丝毫没有考虑到孩子的感受，更没有站在孩子的角度看问题，更没有与孩子共情，因此才会在众目睽睽之下对孩子大打出手，并且伴随着责骂，使孩子无地自容。后来，老师出面劝阻了这位妈妈，和妈妈一起离开，孩子在静默地站立了两三分钟之后，选择从五楼的走廊上跃身而下，结束了稚嫩的生命。

从始至终，这位妈妈都没有询问孩子事情的经过是怎样的，愤怒让她不想从孩子口中得知真实的情况，也让她非常憎恨孩子的行为，甚至连带着也憎恨孩子这个人。有的时候，父母看得很严重的事情，孩子却毫不在乎；有的时候，父母认为不值一提的事情，孩子却看得很重。正是在这样的误解和偏差之中，父母与孩子之间的矛盾应运而生，也使得很多亲子关系

## 第五章
无条件接纳和深爱孩子，为孩子营造充满爱和自由的环境

出现了严重的问题，造成了当事人无法承受的恶劣后果。

作为父母，一定要学会站在孩子的角度看待问题，毕竟对于孩子而言，他们人生的经验尚浅，也并没有掌握很多知识，所以在思考问题的时候难免会陷入局限之中。而父母呢，他们的知识更渊博，人生经验更丰富，所以在看待问题的时候会更加全面深入。父母的作用是给孩子以引导和帮助，而不是在孩子犯错的时候想方设法地惩罚孩子，践踏孩子的尊严。孩子虽然因着父母来到这个世界上，但是他们既不是父母的附属品，也不是父母的私有物，他们是独立的生命个体，他们有权利选择过属于自己的人生。

上述事例中，这个青少年和同学打牌虽然违反了学校的明文规定，但是14岁的少年未免缺乏自控力，也在紧张忙碌的学习之余想要得到放松，所以就和同学打牌了。他们的行为并没有给他人造成伤害，只是违反了学校的规定，进行批评教育，就能够让他们杜绝再次发生同样的情况，这就达到了教育的目的，又何必要兴师动众地把孩子逼上绝路呢？

作为父母，我们不妨设身处地地想一想，如果在工作的过程中，我们犯了一个无关紧要的错误，却被领导当众批评，掐脖子，还被领导大声责骂，那么我们又会作何感想呢？那一刻，整个世界都变得非常遥远，我们一定觉得自己被全世界抛弃了。如果这位妈妈能够询问孩子事情的经过，亲耳听到孩子的讲述，在此过程中渐渐地消除愤怒，理解孩子，尊重孩子，那么这样的悲剧就不会发生。

父母要知道，孩子所需要的并不是我们长篇大论的指责，要想对孩子开展真正的教育，我们必须先与孩子建立情感连接。在没有情感连接的情况下，我们不管多么声嘶力竭地控诉孩子，所起到的效果都是微乎其微的。在此过程中，我们还要深呼吸，帮助自己平复情绪。我们更要始终牢记自己深爱着眼前的这个孩子，只有用温和平静的语调才能打开孩子的心扉，让孩子把事情完整地还原。

每个父母都要学会换位思考，当问题发生的时候，能够假设自己是孩子，从而了解孩子的所思所想，做到理解和体谅孩子，还要具有共情的能力，理解和包容孩子的情绪感受，真正做到宽容和深爱孩子。想做到这一点并不容易，只凭着爱孩子，父母并不能控制好自己的情绪，而是要掌握正面管教的深刻含义，也掌握正面管教很多正确的方法和技巧，才能在家庭教育中给孩子更好的引导和帮助。

## 进行改变练习，给孩子更好的亲子相处体验

如果父母已经习惯了以传统的教育方法对待孩子，那么要想彻底改变自己的教育理念，贯彻正面管教的精髓，就要进行改变练习，才能改变旧习惯。这当然需要假以时日，还需要付出，不但需要我们付出大量的时间，还需要我们付出很多精力。习惯的力量往往发生于无知无觉之间，是非常强大，所以

## 第五章
### 无条件接纳和深爱孩子，为孩子营造充满爱和自由的环境

我们必须痛下决心，才能真正有效地让自己做出改变。

在教育孩子的过程中，很多父母都战战兢兢，心怀忐忑，他们想为孩子保驾护航，想保证孩子的成长顺遂如意。所谓爱之深，关之切，正是因为对孩子过于关爱，过于在乎，所以父母才会因为对过去的恐惧而陷入旧有习惯之中。想一想，自己小时候自己无数次尝试去做某件事情的时候，所经历的事情，所产生的感觉。那一刻，你一定会觉得自己是非常笨拙的，你甚至觉得自己永远也学不会这件事情，但是当你坚持进行练习，你会发现改变神奇地发生了。我们从笨拙到熟练，我们从熟练到完全掌握，事实证明我们获得了成功。

有些父母在爱孩子的过程中会进入一个死角，即他们认为自己是无关紧要的，孩子才是家庭生活中最重要的那个人，也是他们的生命中最重要的那个人。其实这是本末倒置。对于孩子而言，他们要想拥有幸福快乐的童年，要想健康茁壮地成长，就要拥有爱他们的父母。因此作为父母，我们应该把自己放在首要且重要的位置。父母即使为了孩子，也不要放弃自己的生活，更不要忽视自己的需要。如果等待孩子长大了离开家，父母才开始关注自己，那么就会发现人生已过大半。谁说父母的生活与孩子的生活是相矛盾的呢？父母与孩子的生活应该是齐头并进，并驾齐驱的，应该是相互促进，相互成就的。

现代社会中，有些家庭里只有一个孩子，不管是父母还是长辈，都会围着孩子团团转，这使孩子形成了以自我为中心的想法，觉得不仅整个家庭里的所有人，甚至连全世界都是围绕

着他们转的,这使他们不管是思考问题还是满足需求,都优先考虑自己。所以他们不但变得自私任性,也会影响人际关系的发展。

在家庭生活中,在孩子很小的时候,父母就应该把自己与孩子平等看待,在满足孩子的需求和愿望时,父母也可以表达自己的需求和愿望,而且父母原本就应该满足自己的需求和愿望。当父母拥有属于自己的生活,并且对生活感到非常满意时,那么孩子的生活就会更快乐。

具体来说,父母应该如何做,才能进行改变练习,给孩子更好的亲子相处体验呢?父母要做到以下几点。

首先,前提是要记住和善而坚定的养育工具。父母不应该是驾驶员,把握着方向盘,把孩子带去父母想去的任何地方,而应该坐在副驾驶的位置上,给予孩子必要的指引和帮助,从而让孩子始终保持在人生的正轨上,通过积极的努力奔向人生的目的地。

其次,愿意花费大量的时间和精力投入练习。虽然我们经常会因为各种原因而回归到旧有的教养习惯中,但是我们只要坚持练习,改变就会在日复一日的练习中发生。当我们持之以恒地练习,改变最终会经过持续的积累,产生巨大的力量,让我们对孩子的教育发生质的变化和飞跃。

再次,要和孩子建立情感连接。在亲子教育中,情感连接在任何时候都是至关重要的。如果没有情感连接,父母对孩子开展教育就失去基础。只有尊重并且爱孩子,并且让孩子感受到父母的尊重和爱，孩子才愿意接受父母的教导。在教育的过程中，父母要坚持以积极的方式与孩子进行沟通，要牢记解决问题的初心。

最后，何时开始练习都不算晚。很多父母觉得孩子已经长大了，自己错过了陪伴孩子成长的最佳时期，其实这是错误的认知。当好父母是每个人毕生最伟大的事业，只要我们意识到教育出了问题，并且愿意积极地改正，那么我们就能够给予孩子更好的亲子相处体验。从现在开始，坚持进行改变练习吧，你会发现全新的自己，也会遇见更好的孩子。

## 做有利于孩子的事情，让别人说去吧

只有极少数父母认为教育孩子是自己该做的事情，而大多数父母都认为教育孩子与周围的人密切相关。当周围的人开始对家庭教育指手划脚的时候，他们就会产生动摇，对于自己曾经深信不疑的教育理念产生怀疑。在这样的情况下，父母如何能够坚定不移地做好自己，又如何能够坚持教育的原则，对孩子开展有效的教育，做对孩子最有利的事情呢？所谓做和善坚定的父母，不但要尊重孩子，爱孩子，给予孩子充满自由的环境，也要坚定地做好自己，这样才能主宰家庭教育。

现实生活中，很多人都过于看重他人的想法。最近电影院热播的影片《夺冠》描写了中国女排在几十年来的发展历程。

巩俐饰演的郎平说的一句话让人感触颇深。她在带领女排去巴西主场打比赛的时候，告诉女排队员们："曾经有一位西方国家的记者问我，为什么中国人对一场排球的胜负如此看重，我说可能是因为我们的内心还不够强大。"的确如此，只有一个内心不够强大的才会过于看重他人的想法和看法。如果我们有足够坚强的内心，如果我们始终都能做好自己，那么我们就无需以胜负来向他人证明自己。

做父母同样需要拥有强大的内心。在这个世界上，父母是最了解孩子的人，新生命从呱呱坠地开始，就与父母朝夕相伴。父母要照顾稚嫩的生命吃喝拉撒，所以对于孩子是非常了解的。如果连父母都不能坚持对孩子做正确的事情，那么孩子就会处于无助的状态之中。

说起教育孩子，大多数父母在教养孩子的过程中只能摸着石头过河，他们以了解孩子为基础，以自己的教育理念为指导，试探着以自己认为最好的方式对待孩子，最终的结果并不完全取决于父母的主观意愿，还受到很多因素的影响。所以父母不要对结果怀有过大的期望，也不要对结果过于悲观。只有坚持做好自己该做的事情，才能让生命顺其自然地成长；只有做好自己认为对孩子有利的事情，不要过于在乎他人怎么想、怎么看、怎么评价，我们的家庭教育才会保持与众不同的特性，真正做到以孩子为本，因孩子制宜。

因为爸爸频繁地调动工作，从一座城市到另一座城市，所以整个小学期间，陌陌光是转学就转了三次。他刚刚熟悉一所

# 第五章
无条件接纳和深爱孩子，为孩子营造充满爱和自由的环境

学校和一座城市，就转到了另外一座城市里的另外一所学校里继续读书。由于生活环境不稳定，陌陌在学习上出现了很大的退步。在小学低年级阶段，他在学习上还是表现优异的，但是到了高年级阶段，因为受到人际关系等因素的困扰，他在学习上出现了很大退步。看到陌陌面临这样的困境，爸爸决定把工作固定在一个城市，不再四处奔波，也让陌陌努力冲刺，争取考上重点初中。

这段时间以来，默默早晨起床特别困难，他晚上睡得并不晚，但是早上却赖在床上不愿起来。虽然妈妈几次三番地催促陌陌起床，但是他却在床上滚来滚去，就是不愿意配合妈妈。陌陌到底是怎么了？妈妈感到很纳闷。

经过询问，妈妈得知默默在学习上面临很大的困境，他觉得自己跟不上学习的进度，每天去学校都是折磨，所以才会出现厌学情绪。看到陌陌这样的表现，妈妈感到非常内疚和自责。她在和爸爸商量之后，决定让陌陌休学一年，从而查漏补缺。当他们再把这个决定告诉陌陌时，陌陌却表示反对。陌陌说："我不愿意休学。如果休学，我就比其他同学大，就更不能融入班级了。"

爸爸妈妈很尊重陌陌的想法，他们在综合考量了陌陌的表现之后，提出了一个新建议。爸爸对陌陌说："陌陌，你看这样好吗？我们不休学，而是请一个学期的假，然后在这一个学期里追赶其他同学。一个学期很快就过去了，到时候你以崭新的面貌回到学校，说不定你的人际关系也会得到改善，还能得

到老师的喜爱呢！"这个想法是可行的，陌陌表示同意。

亲戚朋友们在得知爸爸的妈妈的这个决定之后，纷纷表示反对。他们七嘴八舌地说："你们又不是老师，怎么能保证孩子在一个学期内在家里学习的状态比在学校里学习的状态更好呢？"爸爸妈妈力排众议，坚持己见，还是给乐乐请了一个学期的假。很快，一个学期过去了，陌陌在学习上有了突飞猛进的进步。事实证明，爸爸妈妈坚持做了对陌陌有利的事情，使陌陌自信心倍增，在学习上的表现越来越好。

现代社会，大多数父母都把孩子上学看成是家里的头等大事，他们即使在孩子生病的情况下，也不愿意给孩子请假。对于陌陌的父母而言，他们能够下定决心给陌陌请假一个学期，让陌陌在家里补习，可想而知他们是非常有勇气，也很有魄力的。当然，他们没有独断地决定陌陌的事情，而是征求陌陌的意见，所以从休学转为请假。因为陌陌同意了爸爸妈妈的决定，所以在请假的时间里主动配合爸爸妈妈的安排，查漏补缺，在学习上追赶了上来。

如果爸爸妈妈强求陌陌必须休学一年，那么就会给陌陌造成更大的心理压力。陌陌在整个小学阶段转学三次，休学一次就相当于又转了一次学，让陌陌必须再次适应新的班级，认识新的同学，导致给陌陌造成压力更大。幸好爸爸妈妈非常明智，他们主动改变自己的决定，来适应陌陌的需求，从而帮助陌陌找回了自信心，让陌陌爆发出学习的强大动力。

作为父母，我们教育孩子不能鼠目寸光，只看到孩子眼前的学习表现，而是应该拥有长远的目光，对孩子进行长期规划，也要注重培养孩子的品质。即使在此过程中遭到他人的非议，我们也应该坚持做自己认为对孩子有利的事情。还记得影片《银河补习班》吗？在这部影片里，老师对于小主人公特别不看好，但是作为爸爸却对自己的孩子特别信任，而且抱有极大的希望。正是在爸爸的坚持下，小主人公才能在学习上取得很大的进步，最重要的是他各方面的能力都得到了快速提升。在爸爸的陪伴下，他坚持成长，最终成为了一个真正强大的孩子。

## 适度期待孩子，不强迫和苛求孩子

现代社会中，每个人的压力都很大，作为成年人的父母，上有老下有小，既要做好工作，又要照顾家庭，还要承担起教育孩子的重任。这使得他们每天就像陀螺一般旋转个不停，四处奔波，甚至没有时间休息。正是因为感受到生活的巨大压力，所以父母在无形之中就对孩子寄予了殷切的希望，他们盼望着孩子在学习上能够出类拔萃，将来一路高歌猛进，考入重点大学，拥有一份很好的工作，不用再像自己一样在奔波忙碌。父母的初心当然是很好的，但是如果父母对孩子怀有不切实际的过高期望，就会给孩子造成过大的压力。如果孩子在坚持努力之后不能够距离父母的期望越来越近，他们就会出现心理学上的超限效应，因此而自暴自弃，放弃努力。反之，如果父母对孩子适度期望，给孩子设定一个通过努力就能实现的目标，那么孩子在努力之后距离目标越来越近，或者最终实现了目标，就会获得成就感，也会充满动力，继续奋勇向前。

适度期待孩子是父母的智慧，真正懂得教育的父母不会强迫和苛求孩子，而是在为孩子设定一个可行的目标之后，致力于激发孩子的潜能，让孩子自发主动地投入努力之中。最重要的是不要期待完美。很多父母一厢情愿地认为自家的孩子在各个方面都发展得非常好，而且学习的水平也很高。但是当发现孩子真正的表现与自己的理想和期待相差甚远的时候，他们就会迁怒于孩子，就会因为内心不满而对孩子感到失望。显然，这对于家庭教育是极其不利的，也会给正面管教带来很大的困难和障碍。

孩子的生活中并不只有学习这一件事情，父母不要把孩子看成是学习的机器，而是要把孩子看成是学习的主体，也要知道孩子除了学习之外，还有很多有意义的事情需要去做。所以在对孩子表达期望的时候，父母要更加尊重孩子的主观意愿，要能够和善而坚定地引导孩子，也要能够帮助孩子最终实现理想。要做到适度期待孩子，父母要做到以下几点。

首先，不要强迫孩子。很多父母都会把自己没有完成的理想和没有实现的梦想寄托在孩子身上。他们把孩子作为自己生命的延续，也把孩子看成是自己的理想和梦想的继承者，而实际上，每个新生命从呱呱坠地开始就是一个独立的生命个体，他们有权利拥有自己的人生，即使作为父母，也无法左右和掌控孩子的人生。

其次，不苛求孩子。很多父母对孩子提出了过高的要求，他们把自己不能做到的事情寄希望于孩子身上，强求孩子必须实现他们的要求，这使孩子倍感压力，也有可能使孩子放弃努力。与其苛求孩子，让孩子备受打击，不如给予孩子更多的鼓励，给孩子更有效的帮助，这样才能引导孩子继续努力向前。

再次，关注孩子的身心健康。很多父母只关心孩子的学习成绩，在无形之中忽略了孩子的身心健康。和身体上的健康需要获取充足的养分相比，孩子心灵的健康更是需要爱和自由的滋养，也需要得到父母的尊重和理解。很多父母都在家庭生活中搞一言堂，都以高高在上的姿态对孩子的学习和生活指手划脚，让孩子不堪重负。从现在开始，父母要调整好自己的心态，也要摆正自己在的位置，这样才能给予孩子更好的对待。

最后，为孩子设立合适的目标。人生目标分为三种，即长期目标、中期目标和短期目标。长期目标是人生的终极目标；中期目标是人生的一个个里程碑；而短期目标则是在短时间内能够通过努力实现的目标。如果说长期目标为孩子们指明了人生的目标和方向，那么中期目标为孩子们标识了前进的方向，而短期目标则给予孩子们继续努力的动力，让孩子们对未来充满信心。

在制定短期目标时，父母一定不要好高骛远，切勿脱离孩子的实际能力为孩子制定一个看似高大上却不能真正对孩起到激励和鼓舞作用的目标。那么,目标的高度该以什么为标准呢?目标不能过高,过高会让孩子自暴自弃;目标也不能过低,过低会让孩子感到轻而易举,因而无法对孩子起到激励作用。只有让孩子在经过努力之后实现目标,孩子才能获得成就感,也才能信心倍增地面对未来。

当孩子取得进步之后,父母要真诚地向孩子表示祝贺,也要说一些感谢孩子的话。虽然孩子的成长是为了他们自己,但是家庭是一个整体,孩子的进步也是在为家庭做出贡献,所以父母经常感谢孩子,能够让孩子感受到父母的支持和理解,找到归属感。

总而言之,每个孩子都有自己的人生。作为父母,固然要为孩子提供很多便利条件,却不要因此而试图掌控孩子。父母只有适度期待孩子,给孩子营造充满爱与自由的成长环境,孩子才能最终在属于自己的天空中自由翱翔,也才能飞到更高更远的未来。

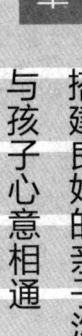

## 第六章 搭建良好的亲子沟通渠道,与孩子心意相通

　　坚持正面管教的教育理念,践行正面管教的教育方法,离不开顺畅的亲子沟通渠道。亲子之间如果没有渠道进行沟通,父母就不了解孩子的所思所想,更不可能对孩子做到感同身受,当然也就不可能与孩子心意相通。所以父母要重视亲子沟通,要努力做到亲子沟通,这样才能打开孩子的心扉,走入孩子的内心。

## 倾听孩子，对孩子怀有强烈好奇

小时候，孩子是非常愿意向父母倾诉的，如幼儿园的孩子每天放学的时候就像一只出笼的小鸟一样，飞出来扑到父母的怀抱中，他们迫不及待地把自己一天的生活都讲给父母听。在这个阶段里，父母往往会觉得孩子话太多。随着孩子不断成长，父母在不经意之间发现，孩子的话越来越少，这是为什么呢？尤其是在进入青春期之后，孩子们往往沉默寡言，即使父母询问他们一些事情，他们也不愿意积极地表达。父母必须知道孩子从外向到内向，从开朗到沉默的真正原因，才能有的放矢地帮助孩子打开心扉，打开话匣子，让孩子愿意与父母保持顺畅的沟通。

进入叛逆期之后，孩子之所以不愿意与父母沟通，一则是因为他们的身心都处于快速发展之中。在这个阶段，他们渴望独立，希望自己不再需要父母的照顾，就能快快成长。所以，他们会做出与父母疏离的举动。另外一个原因是，有些父母长此以往形成了与孩子消极沟通的不良方式，不愿意开启孩子的内心，不愿意倾听孩子的心声。他们动辄就批评和否定孩子，这也会使孩子渐渐地对父母关闭心扉。

作为父母，既要爱孩子，也要关心孩子，尤其是要对孩子怀有强烈的好奇心，能够付出耐心积极用心地倾听孩子。很多

## 第六章
### 搭建良好的亲子沟通渠道，与孩子心意相通

人误以为沟通是从表达自己开始的，实际上真正的沟通是从倾听开始的。倾听可以让我们赢得对方的信任，也可以让我们了解对方内心的感受，在倾听的过程中，我们与孩子将会建立更好的关系，赢得孩子的信任，向孩子表明我们与他们的立场是一致的，从而以更有效的方式对孩子产生积极的影响。

父母要激发孩子表达的欲望。如果我们不曾积极地倾听孩子，或者没有表现出强烈的好奇，那么结果又会如何呢？孩子必然会感到非常失落，他们也会因为不能得到我们的理解而感到万分沮丧。我们不妨设想一下，当我们带着强烈的好奇心认真地倾听孩子，在倾听的过程中给予孩子积极的回应，而且我们并不试图帮助孩子解决问题，也并不会不合时宜地给孩子提出一些建议，只是纯粹地倾听。这听起来也许很容易，但是真正想要控制好自己，不对孩子指手划脚，却是很难的。

那么，我们如何才能更好地倾听孩子，并且以倾听激发孩子的谈兴，真正走入孩子的内心世界呢？具体来说，我们应该做到以下四点。

首先，我们要对孩子表示关切。所谓爱之深，则关之切，只有真正关爱孩子的父母，才会对孩子的一言一、行一举一动都特别感兴趣。不管工作多么忙，他们都会抽出时间与孩子沟通；哪怕承受着巨大的压力，他们也能面带微笑面对孩子。

有的时候，孩子并不需要我们给出一些解决问题的方法，或者对他们的言行举止做出评价，我们只需要微微地点头，或者以微笑回应孩子，孩子就会受到很大的鼓舞。

其次，要对孩子进行启发式提问。所谓启发式提问，就是不为孩子限定选项，也不强求孩子回答是或者否，而是以开放式的问题激发孩子的思考，让孩子能够进行更酣畅淋漓的表达。

启发式提问，相当于抛砖引玉，能够起到良好的沟通效果。在对孩子进行启发式提问的过程中，孩子会整理自己的思绪，也会认识到自己的选择将会造成怎样的后果。需要注意的是，一定不要试图说服孩子以成人的方式进行思考，也不要强求孩子必须做出父母愿意接受的选择。对于那些并不会对孩子造成伤害的结果，我们为何不让孩子亲自去感受呢？

此外，当孩子表达真实的想法之后，父母切勿因为不赞成孩子的想法就否定或者是打击孩子，更不要因此而惩罚孩子，否则孩子马上就会关闭心扉，再也不愿意与父母进行沟通。

在进行启发式提问的过程中，如果预见到孩子的选择将会造成一定的后果，那么不要试图把后果强加给孩子。很多父母之所以夸大其词，把后果伪装得非常严重，其实就是为了让孩子知难而退。如果孩子不愿意采纳父母的意见，坚持自己的想法，导致后果真的发生，那么父母切勿以落井下石的姿态看孩子的笑话，或者是嘲笑孩子，否则就会激发起孩子的叛逆心理，使孩子不愿意与父母沟通，或者故意与父母对着干。

再次，在倾听的过程中，要给予孩子积极的回应。很多父母认为所谓给予孩子回应，就是要给孩子提供解决问题的方法，或者引导孩子以成人的思维方式去思考问题，对孩子指手

## 第六章
### 搭建良好的亲子沟通渠道，与孩子心意相通

划脚，这无疑是画蛇添足。真正的倾听并不需要给出有效的解决方案，也不一定要以语言的方式给予孩子回应，而是可以在适当的时候微笑着对孩子点点头，或者给孩子一个大大的拥抱，或者向孩子竖起大拇指，给孩子点赞。这些恰到好处的回应都能够让孩子继续表达自己的所思所想，也让孩子更愿意与父母进行深入沟通。

最后，真正尊重孩子。很多父母都知道要尊重孩子，但是在实际教育孩子的过程中，他们一旦发现孩子的表现不符合自己的预期，或者孩子不愿意完全按照他们的想法去做很多事情，那么他们就会产生强烈的控制欲，恨不得当即就能够代替孩子做出一切决定，为孩子的成长保驾护航。俗话说，不经历无以成经验。在成长的过程中，如果孩子不曾经历更多的事情，他们就不会收获人生的经验。即使作为父母，也不可能代替孩子成长，所以父母要尊重孩子，给予孩子更大的空间去成长，也要尊重孩子成长的节奏，这样才能让孩子自由快乐地长大。

不要再抱怨孩子不曾向你敞开心扉，不如更好地反思自己，看看自己在倾听孩子的过程中是否做到了认真专注，是否做到了不指手划脚，是否做到了真正尊重孩子，是否怀有强烈的好奇。当你在上述的这些提问中都给出了肯定的答复，我相信你一定能够打开孩子的心扉，距离真正走入孩子的内心也不远了。从现在开始就努力吧，只有坚持正面管教的父母才能真正地与孩子建立良好的亲子关系，才能让家庭教育事半功倍。

## 多多鼓励孩子,切勿羞辱孩子

在现实生活中,很多父母已经习惯了肆无忌惮地打击孩子,挫败孩子的积极性,让孩子陷入沮丧失望的泥沼之中无法挣脱。很多父母都抱怨孩子不知道父母对他的爱有多么深,其实父母也不知道孩子把父母看得多么重要。很多孩子因为年纪小,并不具备自我评价能力,所以他们会把父母对他们的评价作为自我评价,这样的拿来主义使得父母在对孩子做出评价的时候一定要更加慎重,也要知道自己的评价将会对孩子的一生起到多么深远的影响。

遗憾的是,并非每个父母都是教育家,懂得教育的真谛。很多父母在忙于应付生活和教育孩子之间往往无法实现平衡,也无法坚持始终鼓励孩子,而常常会因为情绪暴躁、心绪失落而羞辱孩子。语言是一把无形的尖刀,会狠狠地插在孩子的心上,如果说父母打孩子一巴掌,孩子只会在短暂的时间里感受到疼痛,那么,父母对孩子说出的恶言恶语及很多羞辱的话,则会让孩子牢记很多年。很多童年时期曾经被父母羞辱或者是践踏尊严的孩子,即使在长大成人之后,也要用一生的时间去修复原生家庭给自己带来的伤害。父母是最爱孩子的人,应该从现在开始反思自己教育的理念,改正自己教育的方式方法,从而让孩子拥有快乐的童年。

通常情况下,绝大多数父母都会从主观意识出发,用自己的心揣测孩子的心,用自己的标准去衡量孩子的成长,却从来

## 第六章 搭建良好的亲子沟通渠道，与孩子心意相通

没有真正思考过孩子到底需要什么，孩子在家庭教育中的感受如何。如果有机会了解孩子真实的想法，相信父母对孩子的看法或者是评价一定会大为改观。

在这次月考中，因为试卷的难度比较大，所以萌萌考试的成绩很不理想。和上一次考试相比，她的成绩下降了十几分，而且她的排名也下降了十几名。眼看着就要参加中考了，妈妈还指望着萌萌能过考入重点高中，将来考入名牌大学，找到一份好工作，过顺遂如意的人生呢。当然，妈妈也有一点小小的私心。她和爸爸都是普通的工薪阶层，他们希望萌萌将来能够出人头地，让他们安享晚年。在这样复杂的想法驱使下，看到萌萌的成绩如同坐过山车一样忽高忽低，妈妈不由得心急如焚。她拿着试卷忍不住怒斥萌萌："你是怎么回事儿？考试的时候睡着了吗？"萌萌委屈地对妈妈说："这次的试卷比较难。"妈妈当即打断萌萌的话。用毋庸置疑的语气质问道："试卷比较难，那么其他同学考得怎么样呢？班级里所有同学都考得不好吗？从你的排名也下降了十几名，就可以看出其他同学经受住了这样的考验，而你就是个不折不扣的笨蛋，只能在比较容易的考试中取得好一点点的成绩。一旦遇到大考，面对有难度的试卷，你就原形毕露了。"萌萌的眼睛里眼泪直打转，她再也不想和妈妈说什么了，便拿着试卷默默地回到房间里。晚饭的时候，萌萌没有出来吃饭，她宁愿饿着肚子也不想面对妈妈。

自从这件事情之后，萌萌明显开始疏远妈妈。在期中考试

115

时，她取得了很好的成绩，妈妈眉开眼笑，还许诺要给萌萌奖励，但是萌萌却一副波澜不惊的样子，对于妈妈所说的话不以为然。看到萌萌如此淡定，妈妈还以为萌萌长大了，其实她哪里知道萌萌只是不愿意和她沟通而已。

有一次，妈妈询问萌萌一件事情，萌萌对妈妈爱答不理，仅用只言片语就打发了妈妈，妈妈这才意识到萌萌的心态发生了改变。妈妈丈二和尚摸不着头脑，她不知道自己每天起早贪黑地给萌萌做饭，送萌萌上学，到底哪里做错了。她还省吃俭用地给萌萌买最好的衣服、最好的鞋子，为萌萌报名参加最贵的辅导班，难道她不是一个合格且优秀的妈妈吗？妈妈感到万分委屈。

现实生活中，很多父母都不遗余力地为孩子提供最好的生活条件和学习条件，他们哪怕自己节衣缩食，也从来不愿意苦了孩子。虽然他们为孩子做了很多，也竭尽全力地为孩子创造最好的条件，但是孩子却不领情，这让他们感到很委屈。有的父母因此而指责孩子是白眼狼，不知道感恩。那么，问题到底出在哪里呢？孩子并非生而就是白眼狼。小时候，他们与父母之间的关系是非常亲密的，他们特别信任和依赖父母，为何随着渐渐成长，他们却与父母越来越疏远，甚至开始厌恶和反感父母呢？究其原因，是父母没有管好自己的嘴巴。

很多父母认为，只要不打孩子就是好父母，实际上不打孩子远远不够，甚至不骂孩子也还不能被称为合格的父母。真正优秀的父母在与孩子沟通的时候会讲究方式方法，他们会以更好的方式把话说到孩子的心里去。即使说服孩子,他们也会用心斟酌词句。当孩子在学习上或者生活中的各种表现不能让他们如愿的时候,他们绝不会无端地羞辱孩子,而是会坚持鼓励孩子,给孩子以信心、勇气和力量。

每一个孩子都把父母的评价看得至关重要,所以他们在得到父母的鼓励时,内心会非常振奋,也会投入全部的能力去争取做到更好。反之,如果父母羞辱他们,否定他们,他们就会如同霜打了的茄子一般蔫头耷脑的,也就没有精力做出更好的表现了。所以父母即使为孩子付出再多,也不要忘了一点,那就是要多多鼓励孩子。只有在鼓励孩子的基础上,父母再为孩子提供更多的便利条件,才是给孩子的成长以助力。如果父母在语言上不能控制好自己的情绪,总是口无遮拦地羞辱和打击孩子,那么父母即使为孩子付出再多,也不能得到孩子的感恩。

## 学会批评的艺术

升入初二之后,一一的学习成绩出现了很大的波动。在初一阶段,她在学习上的表现还是非常好的,这与她小学阶段一贯良好的表现相契合,所以爸爸妈妈也就放下心来,认为一一能够很顺利地度过初中阶段。然而,在进入初二之后,课程的压力变得很大,课业越来越繁重,作业也特别多,所以一一在学习上明显表现出吃力的状态。每天晚上，她都要学习到深夜。虽然她很刻苦用功，但是每次考试，她的成绩都不理想。看到——在学习上如此被动，爸爸妈妈心急如焚。

一个周末，妈妈为——整理书包的时候，在——的书包里发现了一封信。妈妈的心砰砰乱跳，她突然产生了不好的预感。她紧张地打开书包，打开这封信读了起来，发现这是一位男生写给——的情书。

妈妈当场就惊呆了，她从未想过乖巧可爱、听话懂事的——居然会早恋。这可怎么办呢？在初二的关键时期，——原本在学习方面就没什么天赋，如果再因为早恋而分散注意力，消耗时间和精力，那么在学习上更是会一落千丈。妈妈当即就想质问——，但是想到——并不想让她知道这件事情，所以才会隐藏这封情书，妈妈又迟疑起来。

趁着——不在家的时候，妈妈和爸爸针对这件事情进行了讨论。爸爸建议妈妈要注意方式方法，切勿因为这件事情把与——之间的关系搞得很僵，否则将来——就更会更加叛逆。妈妈也认识到问题的严重性，知道自己对于这件事情的态度将会影响她与——的亲子关系，甚至影响她与——的深厚感情。最终，妈妈决定采取三明治批评法，对——进行批评教育。

下午，爸爸借着和哥们聚会的机会躲出家，想给妈妈和——交流的机会。妈妈挑起了话头，对——说："——，最近你的表现非常好，虽然在学习上遇到了一些小小的困难，但是从未放弃努力。这一点是值得赞扬的。不过呢,有一点妈妈需要提醒你,那就是现在你们都进入了青春期,男生和女生之间会产生懵懂的情感,这是正常的。作为初中生,你们一定要控制好自己的情感,不能因为早恋而影响学习。人们都说早恋是一朵带刺的玫瑰,这是因为早恋尽管很美好,却会给人带来伤害。如果因为早恋而错过了重点高中,导致不能考上名牌大学,那么对于一生都会产生影响。最重要的是早恋往往会无疾而终。你们都还不够成熟,对于感情的理解也不深刻,为何要因为一时的冲动而付出一生的代价呢?妈妈知道你是一个懂事听话的孩子,妈妈也相信你如果遇到早恋的问题一定能够妥善处理。妈妈也想告诉你,不管你遇到什么事情,妈妈和爸爸都会作为你坚强的后盾,给你提供最温暖的家和最强大的保护。"听了妈妈的一番话,一一陷入了沉默之中。沉思良久,她对妈妈说:"其实我前几天收到了一位男生的情书,我原本是想告诉你的,但是我还没有想好怎么处理,所以我想先冷静地想一想。妈妈,你说怎么做才能既拒绝了对方,又不伤害对方呢?"

看到一一面色平静,表达井井有条,妈妈悬着的心放了下来。毕竟早恋的孩子都会过于敏感,还会因为情绪冲动而先发制人。一一并没有这些表现,这可是好现象!妈妈对一一说:"在拒绝对方的时候,一定要把握以下两个原则。一是要保护对方的颜面,不要在公开的场合说出这件事情;二是要委婉地拒绝对方,但是要表明自己的心意,从而避免对方产生不切实际的幻想。"听到妈妈的话,一一竖起大拇指由衷地赞美妈妈:"还是妈妈厉害,这样就可以面面俱到了。"在妈妈的指导下,一一拒绝了那个男生的爱意,她还和男生相约等到将来考入名牌相见呢!

很多父母一旦说起孩子的早恋问题,就会如临大敌,恨不得当即就斩断早恋的苗头,让孩子和小时候一样单纯可爱。没有人能够阻碍孩子的成长。在进入青春期之后,孩子必然会产生懵懂的感情,也会对异性产生好感。作为父母,在发现孩子有早恋的苗头时,一定要掌握批评的艺术。毕竟早恋不是错误,而是因为爱情发生在了错误的时间,过于提早了。所以父母要采取三明治批评法,即先表扬孩子,然后为孩子提出问题,最后再认可孩子,这样就像是给批评裹上了糖衣,让批评不再那么逆耳,孩子也就更容易接受了。

孩子的天性就是喜欢得到父母的认可和表扬,而不想被父母批评和否定。但是在成长的过程中,孩子又经常犯错误。那么面对孩子不尽如人意的表现,父母应该怎么做呢?即使在批评孩子的时候,父母也要迎合孩子的需求,考虑到孩子的表现,从而保证批评的效果。父母切勿声色俱厉地对待孩子,否则一旦激发起孩子的逆反心理,反而会让结果变得更加糟糕。

当然,采取三明治批评法批评孩子,要具体情况具体对待。如果孩子对于一个错误是明知故,那么父母一定要非常地严厉告诉孩子这件事情是错的,并且为孩子明确行为的边界。如果孩子是无意之间犯了错误,那么父母则要更注重引导孩子改正错误。每个孩子都是独立的生命个体,每个孩子在犯错的时候都有自己的特别原因,父母作为最了解和关爱孩子的人,一定要因人制宜,对孩子因材施教。

## 赞美,永远都会受到孩子的欢迎

很多父母都不知道孩子有多么渴望得到父母的认可和赞美,所以他们对待孩子非常吝啬,哪怕明知道孩子一心向上,也亲眼看到孩子做出了积极的改变,也不愿意慷慨地赞美孩子。他们很担心孩子会因为得到赞美而变得骄傲,因而出现退步,他们始终牢记骄傲使人退步,虚心使人进步这个道理,在任何时候都会提醒孩子一定要谦虚,也提醒孩子必须保持低调。实际上。对于孩子而言,如果得到了父母的赞美,他们会更加充满动力,继续努力前行。反之,如果他们不管怎么用心去做,都不能得到父母的认可,他们就会感到万分沮丧。

有人说,赞美是这个世界上最动听的语言,这句话非常有道理。作为父母,既然已经慷慨地为孩子付出了自己的所有,又何必吝啬于给孩子一句赞美呢?!一句赞美的话能够瞬间拉近与陌生人之间的距离,父母要想营造良好的亲子关系,就更要擅长运用赞美。在赞美的时候,父母应该注意哪些方面呢?

首先。赞美一定要及时。有些父母生怕孩子骄傲,因而在孩子表现非常好的时候没有及时赞美孩子,而是等到孩子的情绪恢复平静之后,再以平静的、波澜不惊的语气认可孩子的表现。这个时候,孩子对于赞美的渴望已经没有那么强烈了,所以赞美的效果也就大打折扣。不管是批评孩子还是赞美孩子,都要在事情发生的当时就进行,这样才能起到最好的效果。

其次,赞美要生动具体。近些年来,教育界提倡赏识教育,所以很多父母都会欣赏孩子,赞美孩子。但是他们的赞美并不合格。例如,孩子今天在学校里的表现非常好,主动帮助了一位需要帮助的同学,并且与这位同学成为了好朋友。父母如果赞美孩子"你很棒""你很优秀"等,这样空泛的赞美只能在刚开始使用的时候给予孩子强大的动力,随着赞美的次数越来越多,孩子就不再满足于听到如此泛泛而谈的赞美。如果父母改变一种方式,对孩子说"今天你乐于助人,帮助了一位需要帮助的同学,还收获了同学的友谊,多了一位朋友,可真是收获很多呀"。这样的赞美描述了孩子良好的举动,给予了孩子强大的动力,也能够强化孩子好的行为,可谓一举数得。

再次,要赞美孩子不为人知的优点。现实生活中,很多孩子的优点特别突出。在成长的过程中,他们因为具备这些优点,经常能够得到他人的赞美。日久天长,他们的耳朵都快磨出老茧来了,对于他人老生常谈的赞美也就不以为然了。父母作为最了解孩子的人,如果仅仅针对孩子这些显而易见的优点表扬孩子,往往不能起到良好的效果。父母应该独辟蹊径,凭着自己与孩子朝夕相处的优势,发掘孩子不为人知的优点,也慷慨地给予孩子赞美,这样才能给孩子强大的动力,既能让孩

## 第六章
### 搭建良好的亲子沟通渠道，与孩子心意相通

子继续在某些方面表现得更好，还能让孩子感受到父母的赞美是非常真诚用心的，因而对父母满怀感恩，也继续努力。

最后，赞美要适度。如果不能把握好赞美的频率，每天都若干次赞美孩子，那么赞美就会变得与普通的话语一样平淡无奇。与此同时，当赞美过度的时候，还会对孩子起到相反的作用。例如，父母总是赞美孩子某一个方面的优点，孩子就会听得厌烦，甚至对父母心生反感。古人云，凡事皆有度，过度犹不及，赞美也是如此。对于赞美孩子，父母固然要更加慷慨，发挥赞美教育的强大作用，也要把握好合适的限度。再打一个比方说，有一种食物味道非常好，孩子特别喜欢吃，即使这样，我们也不能每天都给孩子吃大量这种食物，否则孩子一定会感到厌烦。要想让孩子始终对这种食物保持热爱，父母应该适量适时地供应这种食物，让孩子时不时地得到满足，始终对食物满怀喜爱。

赞美看似很简单，其本质是对孩子说好话，迎合孩子寻求认可的心理，而实际上真正想把赞美的话说得恰到好处，对孩子起到良好的教育作用，可是要花费一番心思的。在正面管教的过程中，父母尤其要重视赞美的作用，发挥赞美的强大效力，这样才能以赞美激发孩子的潜能，让孩子持续努力，最终获得真正的成长。

很多父母都习惯了批评和否定孩子，又因为孩子的表现不能达到自己的要求而抱怨孩子不够优秀，其实问题出在父母的身上。正如一位名人曾经说的，好孩子都是夸出来的。父母如

果能够坚持夸赞孩子，引导孩子坚持做出更好的表现，那么日久天长，孩子就会出现很大的改变。所以不要忽视赞美的重要作用，在教育孩子的过程中，赞美可是一个不可多得的灵丹妙药啊！

## 引导孩子进行自我评价

在做评价的能力没有得到充分发展之前，孩子们往往会采取拿来主义，把父母的评价作为自我评价。这就使父母在评价孩子的时候必须更加客观公正，要全面衡量孩子各个方面的能力，而不要一味地指责或者批评孩子，更不要总是鼓励或者不切实际的赞美孩子，这会让孩子变得自卑或狂妄自大。

孩子真正的成熟是以自我评价能力的发展为标志的，所谓自我评价的能力，指的是孩子对自己客观公正地评价自己的能力。当孩子能够更加全面地认知自己，对于自己的品格、性格、品质、能力等都有了认知，他们在人生中做出很多选择的时候，就有了评判的标准，也会有更好的表现。

当孩子拥有自我评价的能力，他们即使在成长的过程中不能得到老师的认可，也会知道自己在成长，在进步。对于老师对他们不切实际的评价，他们也会有更强大的心理承受能力，坦然面对。反之，如果孩子缺乏自我评价的能力，总是人云亦云，一旦受到负面的评价，就会感到失望沮丧，甚至自暴自

## 第六章
### 搭建良好的亲子沟通渠道，与孩子心意相通

弃。如果受到正面的评价，就会欣喜异常，甚至因为情绪失控而做出冲动的举动，这就意味着孩子很容易受到外界的影响，不能做好自己。

自我评价与生活中的很多事情都密切相关，与学习的关系是最为密切的。例如，孩子在学习上取得了很大的进步，却没有得到老师的表扬，孩子如果有自我评价的能力，知道自己的努力获得了回报，就会非常喜悦。孩子如果缺乏自我评价的能力，想得到老师的认可而不得，就会万分沮丧，这将影响孩子在未来在学习中的表现。

要想让孩子成为一个独立自主的人，父母就要引导孩子进行自我评价。在必要的时候，父母还可以给孩子创造一些机会，让孩子进行自我评价。在坚持练习的过程中，孩子自我评价的能力会渐渐增强。父母也可以为孩子提供一些自我评价的标准，让孩子在进行自我评价的时候有所参照，这对于帮助孩子提升自我评价的能力是非常有帮助的。

从小学阶段进入初中阶段的学习之后，孩子们会有很大的不适应。有些孩子适应得非常好，很快就能适应初中阶段的学习节奏，也能够完成大量的作业，但是有些孩子适应得却很缓慢，甚至在此过程中感到迷惘。

在小学阶段，娜娜在班级里出类拔萃，每次考试都名列前茅。然而，自从进入了这所重点初中之后，她就从优等生变成了中等生，心中未免感到非常失落。看到娜娜对学习越来越懈怠，爸爸妈妈非常担心，他们决定引导娜娜进行自我评价，让

娜娜找准自己的位置，从而恢复良好的学习状态。

在第一次大型的月考之后，娜娜拿着成绩单回到家里，爸爸妈妈耐心地和娜娜一起分析学习上的优劣势。爸爸问："娜娜，你觉得你在学习上的优势是什么？"娜娜说："我的语文成绩比较稳定。"爸爸又问："那么，你知道你的语文成绩为什么很优秀呢？"娜娜想了想，显然有些迷惘。这个时候。爸爸对娜娜说："我觉得你语文学习之所以占优势，是因为你从小就很喜欢看书。在坚持阅读的过程中，你积累了很多知识，这让你语文学习的基础很扎实，所以你轻轻松松就能把语文学得很好。接下来，我可以说说你的另一个优势吗？"听说自己居然还有优势，娜娜非常惊奇，她好奇地看着爸爸，想要听到爸爸的答案。这个时候，爸爸故作玄虚地说："你的另一个优势就是，你在数学学习方面具有灵活的思维。"听到爸爸这么说，娜娜更纳闷儿了，她沮丧地说："我在数学学习方面一点儿优势都没有，不然我的学习数学成绩也就不会这么糟糕了。"

爸爸把头摇得和拨浪鼓一般，说："你没有发现自己的优势。通过观察你考试的试卷，我发现你对于难一点的题目反而能够独辟蹊径，找到解题的思路和方法。对于常规的题目，你可能因为练习得少，所以反而不能快速准确地做出来。我觉得以后咱们可以加大练习量，形成解题的思维模式，这样查漏补缺之后，你就能把劣势变成优势，因而就具有了两个优势。只要你坚持努力，你的数学成绩一定会大幅度提升。"听到爸爸分析得头头是道，娜娜的脸上明显现出兴奋的神色。

这个时候，妈妈说："我有一次去你们学校里找老师，我发现英语老师的办公桌上摆放着很多同学的作业。我就随意翻看了一些同学的作业，发现在这些同学中你书写英语是最漂亮的。"娜娜忍不住笑起来，说："书写漂亮也能算作优势吗？"妈妈瞪大眼睛夸张地说："当然！这不但是一个优势，还是一个特别大的优势呢！你知道吗？在语文考试中，卷面分占很大的比例，虽然卷面分规定是五分，但是在老师在改作文的时候，往往会因为你书写得工整漂亮，给你更多分数。这也属于卷面分的范畴，只不过是隐藏起来的分数。英语学习也是这样啊，英语和语文一样都是语言学科，也是工具学科，很多主观题，只要你书写得美观漂亮，老师就会多给你分，所以你要继续发挥这个优势。"妈妈说的也很有道理，娜娜忍不住频频点头，她惊讶地说："真不知道，我在学习上居然有这么多优势呢！"妈妈语重心长地对娜娜说："你只要认识到自己的优势，也认识到自己的短处，我们就可以查漏补缺，双管齐下，一定会有更大的进步！"

在爸爸妈妈的带领下，娜娜进行了自我评价，也分析了自己在班级中的排名，知道自己之所以在小学阶段名列前茅，而在初中阶段变成了中等生，就是因为班级里优秀的同学更多了。接受了这个现状之后，她决定立足现状，努力进取，争取提升自己的排名。看到娜娜生机勃发、信心满满的样子，爸爸妈妈这才放下心来。

在这个事例中，爸爸妈妈着重于关注娜娜的优点，而没有从娜娜的不足下手。如果爸爸妈妈总是盯着娜娜的缺点批评和打击娜娜，那么就不能起到这么好的沟通效果，也无法引导娜娜进行自我评价。

对于孩子而言，他们正处于成长的过程中，每时每刻都在进步，也经常会做出各种出色的表现。所以，引导孩子进行自我评价是至关重要的。有一些孩子因为缺乏自我评价的能力，即使犯了错误也毫不自知。改正错误的前提就是认知错误，知道自己的做法是错的，才能积极主动地改正。所以父母应该着眼于优点而不是缺点，从而引导孩子进行积极的自我评价。

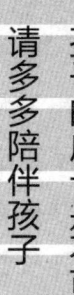

## 第七章 孩子的成长是不可逆的，请多多陪伴孩子

孩子成长的过程是不可逆的，很多父母因为忙于工作，所以没有时间陪伴孩子，等到他们终于抽出时间想要陪伴在孩子的身边时，孩子却已经长大了，不再需要父母的陪伴。当孩子小的时候，父母一定要安排好生活与工作的关系，也要挤出时间来陪伴在孩子的身边，见证孩子成长的历程。

## 寻找有效的方法和孩子共度特别时光

　　父母要想与孩子之间建立亲密无间的关系，增进与孩子之间的亲子感情，就要注重仪式感。在家庭生活中，父母陪伴孩子的时候，应该定期按计划创设一些特别时光。这些特别时光未必需要花费很多的金钱或者是大动干戈，只要让某段时光成为生活的仪式，赋予这种时光以特别的意义，那么它就会成为亲子之间最美好的回忆。

　　很多父母也许已经花了大量时间陪伴孩子，但是他们往往是出于无奈，不得不陪伴孩子，这使得他们的陪伴略显仓促，并不能起到预期的效果。这就是不得已陪伴孩子的时间、随意陪伴孩子的时间与预先计划的特别时光之间的本质区别。对于陪伴孩子，很多父母都存有误解，他们觉得年幼的孩子不需要父母的陪伴。

　　很多父母的教育观念非常陈旧，他们甚至认为孩子在五岁之前可以离开父母的身边，和其他长辈一起生活，而只要在上学的时候把孩子接回自己的身边就可以。实际上，这样的想法是大错特错的。

　　心理学家经过研究发现，孩子越是在年幼阶段，越是需要父母的陪伴。虽然他们还不懂事，也未必会有准确明晰的记忆，但是父母的陪伴的确会对他们的成长起到重要的影响。父

## 第七章 孩子的成长是不可逆的，请多多陪伴孩子

母之所以觉得陪伴年幼的孩子没有意义，是因为他们不理解特别的时光对于幼儿不可忽视的影响。

那么，所有的父母都需要安排特别时光陪伴在孩子的身边吗？其实并不是如此。现代社会中，很多父母都是低头族，他们被手机捆绑，虽然人在孩子身边，但却一直盯着手机，心思更是飘忽到远方。在这样的情况下，陪伴变成了形式主义，并不能起到真正的作用。对于这样的父母，就应该安排特别的时光，全心全意地专注于陪伴孩子，让孩子感受到父母爱的付出。如果父母每次陪伴孩子的时候都能放下手机，让自己的目光和心思一起跟着孩子悦动，那么就没有必要安排特别时光。

也许有些父母会说，我们会在每年春节的时候和孩子相处十几天或者是几天的时间，那么请问孩子的成长只在这十几天或者是几天之内吗？其实，真正的特别时光应该体现在每天的日程安排中，也要渗透到日常生活里。哪怕这样的特别时光只有十分钟，也能增进亲子感情，让亲子关系更加亲密无间。当然，如果作为父母能够抽出更多的时间陪伴在孩子的身边，那么陪伴的效果就会更好。

作为一个从来不能抽出时间专注地陪伴孩子的父母，如果每天都能坚持开辟出特别时光，守护在孩子的身边，与孩子进行心灵的交流和互动，日久天长，孩子就发生了神奇的改变，给父母莫大的惊喜。

如果说在六岁之前，孩子每天都需要特别时光，那么在六岁之后，孩子并不是每天都需要特别时光。即便如此，父母

依然要在特定的时间内给予孩子陪伴。根据每个家庭不同的情况，根据孩子的成长状态，父母可以决定特别时光的长短。特别时光随时都可以进行。例如，可以在孩子上学之前利用吃早饭的时间和孩子说说一天的计划和安排，和孩子交流对于很多事情的看法，分享美好的心情，也可以在孩子放学之后和孩子一起享受下午茶时光，喝一些饮品，吃一点点心，或者还可以在每个周末抽出固定的时间专心陪伴孩子。所谓特别时光，其核心意义在于我们的这段时间只属于孩子，特别时光的存在只是为了孩子。当孩子习惯于享受与父母共度特别时光，他们就会感受到父母的爱，也会理解父母的用心，因此而产生积极向上的力量。

当特别时光成为家庭生活中的重要仪式，孩子就会感受到自身存在的价值和意义，还会亲身体验到归属感。他们会认为到自己并非家庭中可有可无的小角色，而是至关重要的家庭成员之一；他们会感受到自己对父母的重要性，也会感受到自己给父母带来的快乐。即使工作很忙，也不要忘记和孩子在特别时光里约会。例如，我们正在忙着做一些事情，那么当孩子想要和我们亲近的时候，我们可以告诉他耐心等待，也可以明确告诉他只需要再过一个小时，我们就会和他一起享受特别时光，这样会让孩子满心期待，满怀憧憬。

在计划和安排特别的时光时，父母还可以邀请孩子参与，参考孩子的意见，也可以采纳孩子的建议。在特别时光里，父母和孩子既可以做一些日常事务，也可以安排很多特别活动。

如果想做很多事情,那么可以列一个清单,在每天的特别时光里轮流去做,这将会是一件非常有成就感的事情。

和孩子享受特别时光,我们应该放下手机,把手机调成静音,或者是挂断那些无关紧要的电话。总而言之,这段时间是完全属于孩子的。在这段时间里,孩子是真正的主人。不要怀疑这样简短的交流能否产生神奇的效果,这是因为在特别时光里,孩子会感觉到自己是被特别关注的,也会感觉到自己是至关重要的,他们还会主动把自己的所思所想和所感兴趣的事情与父母分享。

有些父母会把特别时光安排在晚上入睡之前。但是需要注意的是,入睡之前的这段特别时光并不能代替白天的特别时光,这意味着哪怕父母会在入睡之前陪伴孩子,在白天的时候也依然要和孩子一起度过一段特别时光。这样孩子就拥有了两段特别时光,有一段特别时光会让他们拥有美好的睡眠,他们多么幸福呀!

从现在开始,就让我们寻找有效的方法,和孩子一起共度特别时光吧!我们可以脑洞大开,也可以尊重孩子的需求,真正满足孩子的需求。

## 与孩子相处,学会"暂停"

每一个孩子都无法让父母感到百分百满意,这是孩子成长的特性所决定的。孩子不可能表现得十全十美，毫无瑕疵。这就意味着父母在与孩子相处的过程中，要学会接纳孩子的不完美，甚至理解孩子所犯下的错误，从而保持情绪的平静，与孩子更深入地交流，也给予孩子有效的引导。人非圣贤，孰能无过。当父母因为孩子的一些极端表现而陷入冲动的状态之中，表现得怒不可遏、歇斯底里时，又要如何对待孩子呢？为了避免自己因为情绪冲动而做出过激的举动，让自己懊悔不已，父母要学会暂停。父母可以假设自己的情绪上有一个暂停键，在自己感受到即将失控的时候，及时按下暂停键，让自己的情绪不要再继续发展，肆意蔓延，这对于帮助我们处理好与孩子之间的关系是大有裨益的。

也许有些父母会质疑，暂停真的这么有作用吗？那么我们可以设想一下，如果我们在工作中与一位同事发生了冲突，我们在歇斯底里的状态下恨不得与对方动起手来。这个时候，对方突然对你说："我认为你刚才的所作所为是不合适的，所以你还是先暂停一下，反思一下自己的言行举止。等你恢复了情绪的平静，我们再来沟通，你认为如何？"

听到对方说出这句话，你会作何感想呢，你会继续揪着对方不放，愤愤然地向对方寻求公平和正义，还是会如释重负，想到对方可真是善解人意啊，居然提出了这样有效的建议。你当然倾向于后者，因为在情绪失控的状态下，你也感到非常恐惧。你不想因为自己的一时冲动导致一段关系彻底破裂，所以你很愿意借助于这样的方式与对方拉开情感距离，你也很愿意

# 第七章
## 孩子的成长是不可逆的，请多多陪伴孩子

有这样的一段时间让自己更深入理性地进行思考。

对于朋友同学等生命中可以替代的人，如果我们与对方相处得不够愉快，那么我们可以终止与对方的交往，去寻求志同道合者发展友情。但是我们生命中有很多人是不能替换的，如孩子。孩子与我们之间有血缘关系，不管我们对孩子是否满意，我们都无法与孩子撇清关系。再如配偶，虽然配偶与我们的关系是非常紧密的，但是配偶并非不可替换。这让我们在面对配偶时，有了更大的可选择性。

面对着无从选择的孩子，当孩子的表现让我们无法接受的时候，我们到底应该怎么做呢？事实证明，我们只能对自己按下暂停键，从而反思自己的教育方式和方法。如果我们对孩子强行按下暂停键，那么孩子在强烈的情绪状态下，在惯性的作用下思考父母对他们的所作所为如何不公，对他们如何不尊重不关切，他们还会反复的考量父母到底做了什么，才让他们无法接受。出于自我保护的本能，孩子会想方设法地让自己逃避惩罚，也有一些孩子因为没有得到情绪的疏导，会把自己想象得非常糟糕。他们认为自己不够好，是不折不扣的大坏蛋，因此而陷入负面的自我评价之中。这就要求我们要对孩子进行积极的暂停，所谓积极的暂停，必须遵循四个指导原则。

首先，积极的暂停必须通过训练才能熟练掌握。积极的暂停实际上是给情绪冲动的双方一个冷静期，让双方都能够恢复理性，从而进行理性的思考。

其次，积极的暂停需要一个适宜的场所。例如，可以在

孩子的房间里，或者是在书房里，甚至是在客厅的某一个角落里。家庭中也可以设置一个积极的暂停区，不管是孩子还是父母每当需要暂停的时候，都可以在这个暂停区里帮助自己恢复平静。这个暂停区里应该预先准备好很多能够帮助家庭成员转移注意力的物品，如准备一些绘本给孩子看，准备一些有趣的玩具让孩子玩。这会让孩子暂时忘记不愉快的交往经历，从而在积极暂停的过程中更好地面对自己。

再次，积极的暂停需要计划。事先计划能够让积极的暂停进行得更顺利，如果没有时间计划，而是随机地按下暂停键，那么当情绪找不到发泄口的时候，人的感受就会是非常糟糕。

最后，要教会孩子在积极的暂停之后，积极地解决问题，或者对于那些无法挽回的事情进行弥补。在此过程中，也可以向对方寻求帮助。如果有必要，应该向对方道歉；如果需要，也可以得到对方的合理解释，这都有助于我们的情绪恢复平静。

如果你从来没有接触过孩子，你可能会感到惊讶。你不知道孩子具有多么大的能量，甚至会把整个宇宙都搅和得翻了天。如果你是父母，那么你就会知道养育一个孩子有多么艰难，他们总会给我们出各种各样的难题，让我们惹上形形色色的麻烦，使我们手足无措，来不及应对。在此过程中，我们要与孩子更好地沟通，也能通过积极暂停的方式，与孩子保持良好的相处。

## 着眼于孩子的优点

在第二次世界大战期间,具体来说是1941年。军方想要研究如何加强防护,才能使飞机被炮击落的概率降低,因而特别邀请美国哥伦比亚大学的沃德教授利用统计学方面的专业知识进行研究。沃德教授搜集了相关数据,进行了深入研究,发现在受损后返航的飞机中,机翼是最容易被击中的,相比之下,机尾则是相对安全的。为此,沃德教授得出结论:"应该重点防护机尾。"军方指挥官并不赞同沃德教授的结论,他们认为"应该重点防护机翼,因为机翼受到攻击的次数最多"。那么,沃德教授和军方指挥官之间,谁的结论才是正确的呢?

在二战中,这是一个非常经典的现象,引人心思。正是由于这个经典现象,心理学家提出了幸存者偏差理论。所谓幸存者偏差,即人们只看到他们想看到的。对于父母而言,在教育孩子的过程中同样存在幸存者偏差现象。和平年代里,幸存者偏差也存在于普通的生活里,渗透到生活的各个方面。

在很多父母心中,孩子浑身都是缺点,但是从客观的角度来看,孩子难道真的全都是缺点而没有任何优点吗?实际上,对于大多数普通孩子而言,他们可能有85%的优点,而只有15%的缺点。那么,父母为何觉得他们一无是处呢?究其原因,就是因为父母只关注了他们的缺点。

要想坚持正面管教,父母就不能只盯着孩子的缺点看,而是应该发掘孩子更多的优点,这样才能以赏识的目光看待孩子。在此过程中，父母也能给孩子极大的动力，让孩子坚持做出更好的表现。否则如果父母只关注孩子消极的方面，那么孩子消极的方面就会极度膨胀。反之，如果孩子积极的方面总是得不到父母的关注，那么很快积极的方面就会完全消失。幸存者偏差告诉我们，人们只能看到他们想看到的。在亲子教育中，父母看到什么就得到什么，所以父母一定要发掘孩子的优点，也要认可孩子的优点。

如果说孩子的缺点和优点加起来是100%，优点占85%，缺点占15%，那么优点和缺点就会存在此消彼长的情况。如果父母总是关注孩子积极的方面，那么孩子积极的方面就会不断膨胀，而消极的方面就会很快消失，那么父母就会真的看到孩子身上所有的优点，也得到孩子全部的优点。

在很多家庭教育中，父母与孩子之间的关系之所以剑拔弩张，是因为父母始终关注孩子的缺点，也常常会让孩子感到疲惫。这是因为那些消极的方面会消耗父母和孩子所有的能量。

我们常说，好孩子都是夸出来的，也侧面证明了关注孩子的优点非常重要。当父母着眼于孩子的优点，总是能够看到孩子与众不同的地方，父母与孩子就能够获得更多的能量，孩子也会更快地成长。

当然，孩子并非天生就完美无瑕，父母要培养出完美的孩子，就要从孩子的行为中寻找优点。人们常说，只要换一个角度，就会看见不一样的世界。其实一个孩子就是一个小宇宙，如果我们为孩子的缺点而烦恼，那么不妨换一个角度，从孩子的缺点中看到孩子的优点,也真正地给予孩子以指引和帮助。

例如,那些在课堂上喜欢调皮捣蛋的孩子,往往具有非常强的领导能力,所以他们才不愿意受到束缚,而且非常有主见;那些专注于学习的孩子虽然看起来有些沉闷,但是长大之后却能成为学术性的人才,因为他们很擅长潜心研究;那些总是和同学嬉笑打闹的孩子,他们虽然并不能很好地遵守纪律,但是他们却很擅长人际交往,将来从事人际工作将会如鱼得水。

古人云,金无足赤,人无完人。作为父母,我们要透过孩子的缺点看到孩子的优点,也要把孩子的缺点培养成孩子的优点,这样的正面管教才是真正成功的。

## 陪伴是最长情的告白

陪伴孩子有多么重要,只有真正做到这一点的父母才能知道。那些总是认为孩子还小,认为孩子不需要陪伴的父母,永远也不会知道陪伴对于孩子成长的重要性。其实,越是年幼的孩子越是需要父母的陪伴,否则,他们在成长过程中就会出现情感缺失的现象,这会给他们的成长带来很多负面影响。

有人说,陪伴是最长情的告白。这句话原本是对情侣说的。其实,在亲子关系中,陪伴也同样是最长情的告白。父母之爱孩子,要体现在生活中的点点滴滴里,要体现在每时每刻的陪伴中。如果父母把爱孩子作为口号挂在嘴边，却为了挣钱，为了各种各样的原因，离开孩子的身边，把孩子交给老人负责带养，那么，父母即使为孩子提供再好的物质条件，也无法弥补对孩子陪伴的缺失。

留守儿童浩浩小时候并不觉得自己的生活有什么不同，直到进入县城开始读初中，开始住校生活之后，他才渐渐地意识到自己缺失了什么。有一段时间，浩浩非常苦恼，他反复地要求爸爸妈妈回到家里，回到自己的身边，但是爸爸妈妈却常常以生存压力大，需要挣钱养家，需要挣钱养活浩浩和弟弟为借口拒绝回家。

有一天，浩浩和同学之间发生了冲突。同学的父母第一时间就赶到了学校见老师，和老师沟通如何解决问题，也向老师表达了作为父母的意见。但是浩浩呢，他却独身一人，爷爷奶奶年纪大了，他不想因为这件事情惊动爷爷奶奶，而且爷爷奶奶都没有文化，思想观念也很落后，即使真的到了学校，和老师也说不到一起去，说不定还会因此而遭到其他同学的嘲笑呢！想到这里，浩浩紧咬着嘴唇，流着眼泪，倔强的他不愿意和老师说任何一句话。看到浩浩这样的举动，老师有些担心，联想到一些孩子出现了心理问题，他让浩浩回到教室之后，就给浩浩的爸爸妈妈打了电话。

妈妈听说浩浩和同学之间闹了矛盾，在浩浩放学之后，她用QQ和浩浩进行了简单的沟通。浩浩依然要求爸爸妈妈回到家里，陪在她的身边。但是妈妈却说："回到家里，我能做什么呢?"听到妈妈的这句话,浩浩感到非常绝望。她反问妈妈:"如果你都不知道自己能做什么,我又怎么能知道呢?你们总是觉得我待人冷漠,却从来没有想过,你们从来没给我给过我温暖,我又怎么可能对别人温暖呢?"听到浩浩的这句话,妈妈心如刀割。虽然她离开家这么多年,和浩浩的感情不深,但实际上她是很爱浩浩的。直到此刻,她才知道自己错过了浩浩整个成长的过程。即使有一日回到家里,她也很难和浩浩像普通母子那样亲密无间。

孩子小时候交给老人带养,老人可以满足孩子的饮食起居,照顾孩子的衣食住行,但是却不能替代父母守候在孩子的身边。等到孩子渐渐长大之后,进入了叛逆期,他们从无知无觉的成长状态进入到更加敏感的人生阶段,认识到自己和他人的不同,会因此而感到自卑。面对孩子这样的表现,父母要给予充分的理解。

把孩子交给老人带养有很多弊端,首先,老人的教育观念往往比较落后,他们会依循传统来教养孩子,无法给孩子最好的教育,也无法真正理解孩子,给予孩子所需要的一切。其次,老人会溺爱孩子。很多老人觉得孩子不在父母的身边长大非常可怜,所以他们就会竭尽所能地为孩子提供最好的成长条件,也会无原则地满足孩子的各种需求,满足孩子的各种欲望。在此过程中,孩子变得越来越任性骄纵,而且会出现霸道的行为,使孩子的成长和人际交往都面临很多障碍。最后,老人并不理解孩子,与孩子的代沟更深重。如果说父母与孩子之间存在代沟，那么父母好歹是年轻人，可以通过学习的方式更新自己的教育观念，尽量跟上孩子成长的脚步。那么老人则可能完全没有这方面的意识，他们可能会非常固执，坚持认为自己的经验就是正确的，而很少倾听孩子真实的想法。在此过程中，孩子感觉到自己被忽视，也觉得自己没有受到尊重，因而内心的压力可想而知。

每一个父母既然生育了孩子，就应该负责养育孩子，这是对孩子应尽的基本责任和义务、我们不说陪伴是最长情的告白，而说陪伴是父母最基本的义务，每个父母都要尽到陪伴孩子的义务，才能成为合格的父母。在陪伴孩子的过程中，如果父母能坚持正面管教的理念，以各种有效的教育方法对待孩子，那么就能给孩子更强大的成长助力。

## 偶尔放过孩子的"不良行为"

人们常说，家是一个讲情的地方，不是一个讲理的地方。这就告诉我们在家庭生活中要更加注重情义，而不是要总是讲道理。有的时候，道理固然重要，但是一味地讲道理却会伤了感情。尤其是作为父母，如果总是和孩子讲道理，就会引起孩子的超限效应，使孩子不愿意继续和父母沟通，也使孩子产生抵触和厌倦的心理。明智的父母既会盯着孩子的各种缺点，纠正孩子的错误，也会偶尔睁一只眼闭一只眼，放过孩子的不良

## 第七章 孩子的成长是不可逆的，请多多陪伴孩子

行为，让孩子能过"侥幸逃脱"。

不可否认的是，每个孩子都会有冲动、放肆或者犯错的时候，父母只有了解孩子的身心发展特点，才能接受孩子的各种行为表现。尤其是青春期的孩子，他们的叛逆心理很强，情绪又处于复杂多变的状态之中，稍不留心，他们就会因为叛逆而闯祸，给父母带来很多麻烦。如果父母在家庭生活中扮演警察的角色，对于孩子观察得细致入微，从不宽容孩子，更不会给予孩子逃脱的绝佳机会，那么，孩子在这样的家庭中生活中就会感到压抑和窒息。

要想做到偶尔放过孩子的不良行为，父母就要调整好自己的心态。很多父母非常细致，也会认真到较真的程度，他们会给孩子压迫感。父母放过孩子的不良行为，可以分为两种情况。一种是无意地放过孩子的不良行为。在家庭生活中，如果发生了令人愉快的事情，全家人都非常兴奋和冲动，那么在这种情况下，孩子偶尔越过行为的边界是可以理解的。只要孩子没有造成严重的后果，父母就不必追究孩子的责任。另一种情况是故意地放过孩子的不良行为。对于青春期的孩子而言，他们的内心特别敏感。如果父母总是处处针对孩子，那么就会让孩子与父母之间产生疏离感。聪明的父母即使发现孩子在某些方面做得不好，也会选择性地为孩子指出错误，督促孩子改正错误，具体表现就是调动起孩子的积极性，而不是始终逼迫孩子，使孩子处于被动消极的状态。

孩子处于成长的过程之中，他们偶尔犯错是难以避免的。

他们因为冲动或者其他原因而做出不良行为是情有可原的，这并不意味着父母是在溺爱孩子，反而意味着父母对孩子更加宽容，也对孩子更加理解。

陶行知在担任校长期间，曾经看到一个孩子在打另一个孩子。陶行知把两个孩子分开之后，并没有责怪打人的孩子，而是对打人的孩子说："放学之后，请你到我的办公室里。"

放学了，打人的孩子忐忑不安地去了陶行知的办公室。他原本以为一定会被劈头盖脸地批评和数落，却没想到陶行知拿出了四块糖果奖励给他，对他说："第一块糖果奖励你见义勇为，打抱不平。我通过调查得知那个同学常常欺负其他同学，所以你才会打他。第二个糖果奖励你富有正义感，只不过同学之间并没有过不去的恩怨是非，所以下次你可以试试以讲道理的方式解决纠纷；第三块糖果奖励你如约来到办公室，没有让我去找你，这说明你是一个信守承诺的好孩子；第四块糖果奖励你，希望你将来能够以和平的方式解决问题，也能够与同学搞好关系。"听了陶行知的话，这位同学羞愧地低下头，良久都没有抬头。从此之后，他再也没有打骂其他同学，他以更好的方式与同学进行沟通，也最终圆满地解决了各种问题。

谁说偶尔放过孩子的不良行为不能起到良好的教育效果呢？在这个事例中，陶行知并没有声色俱厉地批评孩子，而是反其道而行，给予了孩子四块糖果作为奖励。陶行知的宽容和教育的智慧让孩子深受震撼，所起到的教育效果是比严厉地训斥孩子更好。

## 第七章
### 孩子的成长是不可逆的，请多多陪伴孩子

还需要明确的是，什么叫不良行为。不良行为涵盖的内容很多。有的时候我们认为打人骂人是不良行为，但是对方做出打人骂人的行为却是情有可原的。在这样的情况下，我们对不良行为的界定就会含糊不清。在确定哪一种行为属于不良行为的时候，我们要根据现实的情况及行为主体的实际情况做出判断。

人非圣贤，孰能无过？成人尚且会犯错误，更何况是孩子呢？在成长的过程中，犯错正是孩子必然经历的阶段。从错误中汲取经验和教训，也正是孩子成长的必经途径。正如每一位父母所看到的那样，孩子很少会犯致命的错误。既然如此，父母就应该对孩子更加宽容。当孩子因为犯错而忐忑不安或者是心怀愧疚的时候，父母应该陪伴孩子度过这艰难的时刻，相信这样的宽容和理解会让孩子有更深刻的自我反思，也能及时改正自己的不良行为。

## 第八章 叛逆期怎能不犯错，正确对待孩子的错误

在成长的过程中，孩子一定会犯错误。作为父母，对于孩子的错误不要揪着不放，更不要对孩子落井下石或者嘲笑讽刺，甚至侮辱孩子，否则就会伤害孩子的自尊心，打击孩子的积极性，使孩子不愿意与父母沟通。在坚持正面管教的家庭中，面对叛逆期的孩子，父母应该更加宽容，正确对待孩子的错误，这样才能给孩子以积极的引导和帮助。

## 对身处困境的孩子伸出援手

在孩子的成长过程中，既有高峰也有低谷。作为父母，在孩子艰难的时候，应该以怎样的姿态面对孩子呢？有些父母会像对孩子进行训练那样对孩子高标准严要求，不允许孩子叫苦不迭，不允许孩子放弃。越是在艰难的环境中，他们越是鞭策和激励孩子一定要坚持下去。这样的教育方式虽然能够培养孩子坚强的意志力，却并不利于孩子的身心健康。

孩子正处于成长的过程中，他们各方面的能力都很有限，对于人生的经验也很匮乏。当孩子身处困境的时候，父母应该主动对孩子伸出援手，给予孩子所需要的帮助。很多父母不知道从哪里受到了错误的引导，形成了错误的教育观念，觉得只有让孩子感觉更糟糕，孩子才能触底反弹，做得更好。实际上，从正面管教的观点来看，孩子如果感觉糟糕，就不会积极主动，更不会保持乐观向上的心态。只有在感觉良好的情况下，他们才能提升学习的效率，保持专注，让学习事半功倍。

在管教孩子的过程中，面对孩子的错误，如果父母严厉地批评和责备孩子，孩子的感觉一定会糟糕透顶。虽然父母希望孩子能够从错误中汲取经验和教训，得到提升和进步，但实际上，孩子因为失望沮丧或者对自己持有怀疑的态度，会陷入自暴自弃的状态。父母一定要转变教育的观念，越是在孩子犯错

## 第八章
### 叛逆期怎能不犯错，正确对待孩子的错误

误的时候，越是在孩子倍感艰难的时候，越是要大力支持和帮助孩子。

要想转变心态，给予孩子积极有效的帮助，父母首先应该调整自己的心态。很多父母甚至不能容忍自己犯错，每当发现自己犯了错误，他们就会特别沮丧，气急败坏。父母要知道，人非圣贤，孰能无错，我们只有从错误中汲取经验和教训，才能以错误为学习的契机，提升自己各个方面的能力，让自己变得更加坚强勇敢。所谓言传身教，要求父母在家庭生活中为孩子树立好榜样，教会孩子如何面对错误，并且始终充满信心。

其次，错误的发生是没有征兆的。很多错误本身就是一个意外，所以我们无法做好计划，准备迎接错误的到来。但是这并不意味着我们不能从错误中获得进步、父母可以制定一个日常的惯例，那就是在每天晚上的家庭特别时光中，每个人都要分享一个自己的错误，并且说一说自己在这个错误中收获了怎样的感受和体验，以及学到了哪些知识，获得了怎样的顿悟。当坚持这么去做的时候，哪怕每天只付出十分钟的时间，也会产生很好的效果。

再次，当孩子马上就要犯错误的时候，如果并不是必须的，父母最好不要阻碍孩子。对大多数父母而言，看着孩子犯错是一件很难的事情，尤其是在知道孩子即将犯下大错的时候，父母更是难以控制自己，更难做到不对孩子指手划脚。只有真正拥有信心，对自己和孩子都拥有强大的信心，父母才能相信孩子，也相信孩子可以凭着自己的力量处理好错误。这样

一来，他们自然会与孩子之间有更好的交流和互动。父母要明确一点，即没有人能够代替孩子成长。很多情况下，与其对孩子进行说教，试图把自己的人生经验灌输给孩子，还不如让孩子真正地撞一撞南墙，从而主动地进行自我反省。

最后，当孩子真正犯错的时候，不要对孩子指责、抱怨、羞辱、责罚，而是应该给予孩子理解和信任。尤其是叛逆期的孩子，他们常常会犯一些让父母瞠目结舌的错误，父母一定要保持心态的淡定平静，也要始终以积极的语言和孩子沟通。

当然，理想总是丰满的，现实总是骨感的。尽管我们想要坚持正面管教的理念，也想要真正践行正面管教的教育方法，但是当孩子做出让我们大跌眼镜的事情时，我们还是会因为愤怒或者是冲动而本能地做出一些反应。例如，我们花费很多金钱给孩子配了一个可以矫正视力的眼镜，但是孩子却拒绝佩戴这个眼镜，这怎能让我们不懊恼呢？我们严令禁止孩子喝酒，但是孩子在成青春仪式时第一次和同学聚会就喝得醉醺醺的，回到家里还吐得到处都是，我们怎么能不抓狂呢？我们应该做好准备，知道孩子的成长总是会状况百出，也应该真正地接纳孩子犯错的现实，做到尊重、理解和信任孩子。

既然孩子已经喝醉了酒回到家里，也不愿意戴我们为他准备的矫正视力的眼镜，那么我们为何不用另外一种方式来帮助他们呢？每当他们和同学聚会的时候，我们可以为他们提供一些饮料；每当孩子因为学习而感到眼睛疲劳的时候，我们可以带着他们做眼保健操。这样的方式会让孩子真正感受到我们的

## 第八章
### 叛逆期怎能不犯错，正确对待孩子的错误

爱与关心，对于我们的付出和关爱也就没有那么抵触了。

作为父母，必须认识到孩子在叛逆期会做出哪些行为，也做好心理准备接受孩子从未有过的行为。我们不应该用巴掌和惩罚帮助孩子改正错误，而是应该以支持和鼓励帮助孩子远离错误，或者让孩子在错误中获得成长，坚持学习，最终趋于完美。

有些父母会很失望，因为他们发现孩子不愿意真诚地对待他们，而是会以撒谎的方式向他们隐瞒很多事情。那么，孩子这么做的原因是什么呢？很多父母把孩子的这种行为定义为用一个错误来掩饰另一个错误，实际上，孩子只是因为不想因为自己所犯的错误而受到批评，或者是被父母惩罚而已。如果父母能够让孩子相信他们不会因为自己犯下的错误遭到严厉的惩罚或者被当众责骂，那么孩子们一定很愿意向父母敞开心扉，与父母探讨一些可能性。有的时候为了让父母更开心更满意，他们会甚至会小心翼翼地避免再犯同样的错误。

不同的人对于错误的评判标准是不同的。对于有些行为，父母是坚决禁止孩子去做的，而孩子在进入叛逆期之后更加有主见，他们如果认为这样的行为是可以发生的，就会背着父母偷偷地去做。与其让孩子偷偷摸摸地做自己不知道的事情，还不如给孩子更大的自由空间，让孩子愿意和父母探讨可以做哪些事情、不可以做哪些事情，从而为孩子确立行为边界，坚持这么做对保证孩子的安全，促进孩子身心健康地成长是很重要的。

## 告诉孩子错误也是契机

对于错误，有些人深恶痛绝，因为他们很担心自己会因为犯错而遭到惩罚，或者是被他人批评和责骂。有些人的态度则截然相反，他们能够理性地面对错误，也知道自己只要坚持反思，就能够踩着错错误的阶梯努力向上。在亲子教育中，对于错误的正确看待是非常重要的。尤其是作为父母，更是要认识到错误是一种契机。当孩子因为犯错陷入危机之中时，还可以通过改正错误让自己得到进步和成长。

遗憾的是，现实生活中，很多父母都不能容忍孩子犯错。孩子一旦犯错，他们就会劈头盖脸地数落孩子，就会声嘶力竭地指责孩子。这使孩子发自内心地惧怕错误，也恨不得躲开错误远远的。其实，没有人知道应该如何做才能成为真正优秀的父母。即使作为父母，我们也应该坚持学习和成长。随着不断进步，我们作为父母的意识会逐渐增强，在与孩子共同进步的过程中，我们最终会发现自己曾经做出的很多教育行为都是毫无效果的，有的时候还会导致事与愿违的结果。这样非但不能鼓励孩子充满自信，反而会打击孩子的自信心，让孩子彻底丧失信心。

不仅仅是孩子，包括父母在内的很多成人都应该从错误中学习。那么，在面对孩子犯错这件事情的时候，父母不要突然之间就陷入歇斯底里的状态，而是应该考虑到孩子成长的情况，知道孩子并没有掌握很多知识，也缺乏人生经验，而且他

第八章
叛逆期怎能不犯错，正确对待孩子的错误

们不管是能力还是思想都处于成长的过程之中，所以要以更加宽容的态度对待孩子犯错。当孩子已经竭尽全力去争取做到最好的时候，却因为事与愿违而犯下错误，父母就更是要给予孩子尊重和理解。

很多事情一旦发生，就变成了客观的存在。父母要教会孩子以错误为契机进行学习，才是彻底解决问题的方法，也才是最有效的教育技巧。当然，在教会孩子从错误中学习之前，父母要先亲身实践这个对待错误的原则。有些父母在自己犯错之后都会觉得非常丢脸，也会怒骂自己无能，还会因此而彻底否定自己，认为自己是个彻头彻尾的失败者。看到父母颓废沮丧的模样，孩子一定会受到影响。父母要时刻牢记自己是孩子的老师，是孩子的引导者，这样才能在面对孩子的过程中有更好的表现，也能够给孩子树立积极的榜样。

根据错误与他人之间的关系，我们可以把错误分为两种。第一种错误只与我们自己相关，与其他任何人都没有关系，所以我们尽管懊悔，却只需要独自承担错误的造成的后果，而无需对他人表示歉意。第二种错误不但与我们关系密切，而且会对其他人造成伤害或者是不良的影响，那么这个错误导致的后果辐射的范围是更大的。当我们所犯的错误与他人有关的时候，我们就应该坚持做到四点：第一点，积极地承认错误；第二点，主动地承担责任；第三点，态度友好地道歉，修复与他人之间的关系；第四点，想方设法地解决问题，弥补给他人造成的损失。

第一点，积极地承认错误。不管我们因为什么原因犯错误，只要导致对他人造成了伤害，或者对他人产生了不良的影响，我们就不应该找各种各样的借口为自己推卸责任，而是要在第一时间就积极地承认错误。如果我们找各种理由来为自己推卸责任，那么就会给他人留下不真诚的恶劣影响。除了要关注他人的感受之外，我们还要避免因为自认为是失败者，而沉湎于自责和羞愧之中。要知道，这样的做法除了给我们徒增烦恼之外，对于解决问题没有任何好处，所以先不要急于界定自己是失败者，而是要鼓起信心和勇气解决问题，这才是更有效的解决方法。

第二点，主动地承担责任。当我们积极地承认错误的时候，我们就应该意识到，在这个错误的事件之中，我们应该承担怎样的责任。例如，在亲子相处的过程中，如果父母误解了孩子，使孩子感到非常沮丧，或者使孩子丧失了信心，那么父母就要采取积极有效的措施，激发起孩子的信心，让孩子对生活充满勇气。也许做与此相关的事情非常困难，不但需要父母投入大量时间，而且需要父母付出很多心力，但是这是父母必须去做的，因为这是父母承担责任的表现。

第三点，主动道歉，修复关系。在很多传统的家庭里，父母以权威者的形象高高在上，让他们向孩子道歉，他们觉得很难。但是实际上，道歉是很重要的，尤其是孩子认为父母无论如何也不会道歉的时候，父母如果能够真诚地向孩子道歉，孩子一定会深受感动，甚至对父母既往不咎。道歉是父母尊重孩子的重要表现形式之一，不管出于怎样的原因，父母都不应该伤害孩子，更不要打着爱孩子的旗号，给孩子强加压力。当你真诚地向孩子道歉时，你会发现孩子根本就不会与你记仇，他们会在第一时间愉快地告诉你"没关系"，他们几乎马上就原谅了你。这使你们濒临破裂的亲子关系和好如初，这不是一个最好的消息吗？

第四点，齐心协力解决问题。不要小瞧孩子的能量，对于很多问题，如果父母没有能力做得更好，那么孩子是有可能给父母提出有效建议的。有的时候，父母的思维因循守旧，会陷入思维定式之中，孩子反而无拘无束，能够进行创新思维，从而提出有效的解决办法。尤其是当父母向孩子道歉，与孩子修复了关系之后，孩子很愿意和父母统一战线，与父母齐心协力、想方设法地解决问题。

在坚持正面管教的过程中，当父母与孩子达到了这样的共识，也能够与孩子站在同一战壕中，助力孩子把各种难题一一击破，那么亲子关系就会更加亲密，亲子感情就会更加深厚，这当然是父母所希望看到的。

## 教会孩子承担责任

不管是成人还是孩子犯了错误，最重要的就是能够承认错误，并且承担责任。如果总是陷入对自己的自责和对他人的愧疚之中无法自拔,而放任错误继续留存下来或者继续发展,那么只会导致更加严重的后果。所以在犯错之后,我们要第一时间就知道自己真正该做的是什么,这样我们才能及时终止错误,才能真正肩负起自己应该肩负的责任,积极地在错误中寻求成长。

在家庭教育中,很多父母一旦发现孩子犯了错误,就会只关注错误的本身。他们因为始终牢记着孩子的错误引起了多么严重的后果,也揪住孩子在这个错误中所起到的负面作用不放,因而只会喋喋不休地批评和抱怨孩子。在这个情况下,父母陷入了思维的困境,他们只想找到责任人为此负责,而根本没有想到应该如何做才能帮助孩子在错误中成长。

要想帮助孩子在错误中成长,父母就要做到一点,那就是帮助孩子评估他们所做的决定,让孩子诉说他们真实的想法和感受。只有引导孩子进行反思,让他们真正地反省错误,孩子才能在下一次遇到同样的事情时,进行更理性的思考,也做出更明智的选择,因而得到完全不同的结果。在此过程中,父母教给孩子的不仅仅是改正错误,这件事情也教会了孩子拥有积极的思维,在面对很多事情的时候始终积极向上。

这事说听起来很容易,但是真正想做起来却是很难的,作为父母首先要做到一点,即能够真实有效地评估自己的错误,那么接下来才能对孩子加以引导。否则,如果父母自己都做不到这一点,又如何能够教会孩子踩着错误的阶梯,反省错误的过程,坚持成长和进步呢?

## 第八章
### 叛逆期怎能不犯错，正确对待孩子的错误

上了初三之后，同学们都全力以赴，为了考上心仪的高中努力学习。但是，皮皮的学习状态却很一般。他非常聪明，却不愿意刻苦努力，这使得他的学习成绩始终维持在中上等水平，而没有质的飞跃。看到皮皮这样的状态，爸爸妈妈非常着急，尤其妈妈更是心急如焚。有一次，妈妈质问皮皮："以你这样吊儿郎当的状态，如何能够考上重点高中呢？"皮皮不以为然地说："考不上就考不上呗，我觉得去普通高中也挺好的。"妈妈一时语结，半晌才说："在普通高中里，你的同学都是普通的学生，学习成绩都很一般。在重点高中里，你的周围都是那些学习出类拔萃的学生，即使是在环境的熏陶下，你也会有很大的进步。"皮皮当即反驳道："我才不愿意接受这样环境的熏陶呢。在这样的环境里，我一定会感到压力山大，痛不欲生的！"听了皮皮的话，妈妈沉默不语。

接下来，妈妈又该怎么办呢？妈妈工作很忙，不可能每天都盯着皮皮学习，而且皮皮也不愿意凡事都听从妈妈的。是否冒险让皮皮在中考过程中得到教训呢？思来想去，妈妈决定放任皮皮，因为未来的路还长着呢，还有高中、大学，如果皮皮不能从根本上转化观念，那么他就在未来成长过程中必然处于停步的状态。就这样，妈妈没有继续再督促皮皮，而是任由皮皮按照他的想法去做。果然，在中考的过程中，皮皮与重点高中失之交臂，只考上了一所普通高中。看到班级里平日学习和他不相上下的同学都考入了重点高中，

皮皮感到有些失落。

　　进入了普通高中，皮皮虽然从中等生变成了优等生，但是他在学习上却非常被动。有的时候，遇到在重点中学读书的初中同学，看到对方意气风发的样子，皮皮感到很沮丧。这个时候，妈妈语重心长地对皮皮说："皮皮，这是你自己的选择。如果在初三阶段的时候你能够更加努力，那么你就很有可能和同学们一起考入重点高中。但是在当时，你自己很愿意进入普通高中，所以妈妈也尊重你的意愿，没有强求你。现在，你应该为自己的行为负责。虽然是在普通高中里，但只要你成为学霸级的人物，将来还是有可能考入名牌大学的，这样你就能够与曾经的初中同学进入同一所大学，或者同等级的大学，这不是非常有成就感的一件事情吗？"

　　妈妈的话让皮皮无言以对，他知道自己已经没有办法再回到初中进行中考的冲刺，接下来他要做的就是在高中阶段努力学习，弥补自己与同学之间的差距，这样才能在将来考大学的时候与同学们一起站在同样的起跑线上。经过了这次事情的教训，皮皮感触非常深，从此之后，他再也不对学习怀着无所谓的态度了。他知道，只有学习才能充实自己，也只有学习才能让自己不断进步和成长，至少学习可以让自己有更多的资本，能够在面对同学的时候充满底气。

　　每一个父母都希望孩子考上名牌大学，这是父母对孩子最殷切的希望。然而，如果孩子对学习的态度并不端正，那么父母要对孩子加以引导和纠正。在这个事例中，皮皮妈妈的做法其实是非常冒险的。毕竟中考在孩子人生中是一次非常重要的考试，关乎到孩子是进入普通高中还是重点高中，也关乎到孩子未来考大学的情况。然而皮皮是一个非常有个性的孩子，又加上皮皮正处于叛逆期，所以他并不愿意烦事都听从妈妈的建议。在这样的情况下，妈妈决定让皮皮犯下错误，并且教会皮皮承担责任。妈妈很清楚，自己不可能陪伴皮皮一辈子，那么只有让皮皮认识到这个深刻的道理，皮皮将来才不会再犯同样的错误。

## 自然后果和逻辑后果

父母作为过来人，当看到孩子即将犯错误的时候，往往能够预见到孩子将会承担怎样的后果，如果这样的后果是孩子所承受不起的，父母就会试图避免。也有一些父母哪怕知道这些后果是孩子可以承担的，也不想眼睁睁地看着孩子犯错误，因而在爱子心切之下，他们进入了一个误区，那就是每当看到孩子要犯错误，就会给孩子很多帮助和指导，甚至会对孩子喋喋不休地开启唠叨模式，这都会引起孩子心理上的超限效应，让孩子变得更加叛逆。显而易见，这样的教育方式对于处于叛逆期的孩子是极其不合适的。

叛逆期的孩子越来越有主见，他们随着自我意识的发展，不愿意再像小时候一样对父母言听计从，而且在面对很多事情的时候都有自己的想法和主见。在这样的情况下，父母如果继续试图掌控孩子，那么往往会与孩子之间发生矛盾和争执。父母与其以过度沟通的方式，激发起孩子更严重的叛逆心理，不如换一种方式让孩子承担后果，这样孩子就会主动地进行反思，也会尽量避免再次犯同样的错误。由此一来，既避免了父母与孩子之间发生矛盾，也达到了教育孩子改正错误的目的，可谓一举两得。

犯错误的后果通常有两种，第一种是自然后果，第二种是逻辑后果。所谓自然后果，就是随着事情的发展自然出现的后果；所谓逻辑后果，就是父母为了未雨绸缪，避免孩子做出不该做的举动而推论出来的后果。显然，和自然后果相比，逻辑后果往往会有夸大其词的成分，因为父母的初心是想要劝阻孩子，让孩子不要做某件事情。但是如果父母总是采取这样的策略对待孩子，渐渐地就会被孩子识破，孩子也就不会再信任父母所说的话。所以明智的父母不会轻易地运用逻辑后果劝阻孩子。当判断事情的结果是孩子可以承担的时候，他们就会让孩子承担自然后果。这样才能激发孩子的反思，让孩子主动地思考和承担错误。

小时候，帅帅最喜欢做的事情就是出去玩。每天，他都缠着妈妈带他出去玩，尤其是到了周末的时候，他恨不得一天都留在小区的公园里和小朋友们在一起疯玩。然而，在进入初中之后，帅帅就像变了一个人一样，他不再外向开朗，而是变得内向沉默。即使在休息的时候，他也不愿意走出家门，和同学

第八章
叛逆期怎能不犯错，正确对待孩子的错误

们或者其他同龄人一起玩，而更喜欢宅在家里看看书，打打游戏，或者是看看电影电视等。看到帅帅突然之间出现了这么大的变化，妈妈非常担心，很怕帅帅过多地接触电子产品会导致视力下降。那么，如何才能让帅帅主动改变呢？

妈妈反复地讲道理给帅帅听，说生命在于运动，只有坚持运动才能充满活力，也只有多多运动才能保持良好的视力，但是帅帅对此无动于衷。有一天，爸爸对妈妈说："你不要再提醒他需要出去玩了，其实只要等到长胖了，他就知道自己应该加强运动了。"妈妈对于爸爸的话表示反对，说："如果我们对他放任不管，他真的长胖了还好说，如果他的视力变差了，那可是不可逆转的。"爸爸说："但是现在你反复唠叨，反复叮咛，并不能真正改变什么呀！与其如此，还不如让他自己承担自然后果呢！"妈妈觉得爸爸说的也有道理，所以他们协商决定在未来的一个月里对帅帅不管不顾，让帅帅自行其事。

一个月的时间过去了，因为正值暑假，所以帅帅每天都很晚才起床，还会吃一些美味的食物，在短短一个月的时间里，他就长胖了十几斤。看到自己的衣服变得非常紧身，帅帅不由得抓狂起来，他说："我怎么长得这么胖！"妈妈提醒帅帅："上学的时候，你们在学校里每天都会运动，现在是暑假，如果每天都不运动，光吃，怎么会不长肉呢？"在妈妈的提醒之下，帅帅当即决定开始健身，计划赶在开学之前把长出来的时候十几斤赘肉减掉。虽然这听起来很难，但是他下定了决心，还制定了周密的计划，所以效果是很显著的。

看到帅帅不再沉迷于电子产品，而是每天都积极地去户外进行运动，还坚持跑步，爸爸对妈妈说："看看吧，让他承担后果，他就会很愿意改变的。你只是用逻辑后果说服他，那些事情都是水中花镜中月，并没有真正发生，又怎么会有说服力呢？"妈妈由衷地对爸爸竖起大拇指，说："还是你高明啊！"

这就是自然后果和逻辑后果在正面管教中的运用。如果后果是孩子可以承受的，那么就让孩子承受自然后果，激励孩子主动积极地改变；如果逻辑后果并不能说服孩子发生变化，那么就不要反复地运用逻辑后果劝说孩子了。

当然，父母要区分清楚自然后果和逻辑后果，在孩子犯错误的时候，也要能够控制住自己说教的冲动。有些父母一旦意识到孩子会犯错，或者会导致一些严重的后果，马上就会比孩子更加抓狂，他们迫不及待地想要告诉孩子真相是什么，却不知道对于叛逆期的孩子而言，他们并不想从父母那里得到真相，他们只想自己切身体会，从而进行深刻反思。

父母唯有了解孩子的这个心理特点，才能给予孩子更好的引导和帮助。有些父母还会在孩子面前夸下海口，说自己吃过的盐比孩子吃过的米还多。的确如此，父母年纪大，人生经验丰富，也有渊博的学识，但是这并不意味着父母能够对孩子的成长指手画脚，能够替代孩子去成长。俗话说，不经历无以成经验。对于孩子而言，这个道理同样适用。孩子唯有亲身经历很多事情，才能以此为经验，让自己快速成长起来。

## 先假定孩子是无辜的

每当孩子犯错误，很多父母都会进入一个误区，那就他们之所以迫不及待地想要批评和责骂孩子，就是因为他们认定孩子是恶意的。这样的主观倾向会给孩子造成很大的误解，也会伤害孩子的心灵，甚至会使一些孩子出现更严重的叛逆行为。如果说孩子原本是无心之过，那么现在则很有可能是故意与父母作对，或者故意给父母添堵，甚至故意做出伤害他人的事情。由此可见，这样的误解给孩子带来的影响是非常深远的，引起的后果也是非常严重的。

有些孩子学习成绩不好，父母会认为他们不努力，不用功；有些孩子与同学之间发生了矛盾，父母会认为他们个性特别强，与他人针锋相对；有些孩子吃饭很少，身体瘦弱，父母会认为他们故意减肥。在这样先入为主的观念之下，父母对孩子的误解越来越深，要想改变这样的状态，父母就要先学会假定孩子是无辜的。

有一点毋庸置疑，那就是在成长的过程中，孩子会出现各种各样的状况，要想解决这些状况，父母要给孩子最大的助力。由此可见，父母是先入为主地判定孩子无辜，还是假设孩子是故意的，对于事情的结果将会起到决定性的作用，所以父母一定要端正心态。

首先，每个孩子都想获得成功。不管是在学习上，还是在成长的过程中，亦或者是面对各种竞赛的时候，每个孩子都发自内心地想要获得成功。所以当孩子取得的学习成绩不理想，在竞赛中没有取得好名次的时候，父母不要指责孩子不愿意努力，吝惜力气，不想获得好名次。很多父母都会对孩子说："在这个世界上，我是最盼着你好的。"其实在这个世界上，最盼着孩子好的人应该是孩子自己。毕竟获得成功之后，孩子会得到他人的瞩目，也会是拥有成就感，还能在很多方面都享有便利的条件。所以只有孩子自己才是成功最大的受益者，这一点父母可不要颠倒。

其次，每个孩子都想建立良好的人际关系。人是群居动物，每个人都是社会的一员。一个人离群索居，不愿与他人交往，很难获得快乐幸福的生活，孩子更是如此。孩子还很小，他们希望得到同龄人的陪伴，希望自己拥有更多的朋友，这也就意味着他们想要建立良好的人际关系。虽然孩子对于此并没有明确的认知，但是在现实生活中，他们的确是以此为目标去努力的。所以哪怕孩子与他人之间发生了矛盾，父母也不要先入为主地认为孩子不好相处，或者孩子是故意做出这样的行为的。孩子毕竟还小，他们缺乏自控能力，在与他人相处的过程中很难主动地为他人考虑，这使得孩子们在一起交往时往往会出现一些矛盾和摩擦，这是难以避免的。父母要淡然处之，必

## 第八章
叛逆期怎能不犯错，正确对待孩子的错误

要的时候，父母可以教会孩子一些人际相处的好方法，从而真正地帮助孩子搞好人际关系。

再次，孩子并不想完全依赖父母生活，他们也想实现自己的价值。在家庭生活中，很多父母都认为孩子就是坐享其成的，其实孩子本身并不愿意坐享其成，他们也想和父母一样为这个家庭做出贡献。在需要出谋划策的时候，他们也想作为小主人发表自己的意见。然而，现状却是很多父母都包办了所有的家务，连孩子力所能及的事情都不愿意留给孩子去做。

当孩子在家庭会议或者是某些情况下发表看法的时候，父母往往对孩子嗤之以鼻，他们认为孩子说的都是无用的废话，觉得孩子说的根本不重要，由此否定了孩子在家庭生活中的地位，使孩子失去了存在的价值感和意义感。在这种情况下，孩子如何能够做出更好的表现呢？一个人只有被需要，才会把自己看得很重；一个人如果从来不被需要，就会把自己看得很轻。所以父母一定要给孩子合理的家庭定位，也要给孩子更多的机会展示自己存在的意义和价值，这样孩子才能更加努力向上。

最后，让孩子体验到归属感。所谓归属感，指的是个人与群体之间的一种内在联系，具体来说是个体对群体的认同和维系的心理表现。一个人如果缺乏归属感，那么在家庭生活中，他们就不能找准自己的位置，在社会生活中，他们就会对工作缺乏热爱，在社会生活中，他们就不能够积极地行使自己的权利和义务。归属感对不管对于成人还是对于孩子而言都是很重要的,孩子虽然还不能明确地说出自己需要体验到归属感,但是他们内心的需求向我们表明了这一点。所以在集体生活中,孩子往往会非常积极地投入,虽然他们会因为好心而办坏事,会因为好心而给班级或者是父母添麻烦,但是父母要看到孩子的初心,不要盲目地批评否定和打击孩子,否则就会挫伤孩子的积极性。

此外,在家庭生活中,父母应该创造机会让孩子融入家庭,让孩子对家庭做出贡献,这对于帮助孩子建立归属感是非常有好处的。

在认识到上述四点之后,我们作为父母,应该假设孩子做出不良行为是出于无心,先认定孩子是无辜的,这样我们就不会断定孩子是故意给我们惹麻烦,也不会断定孩子就是一个大麻烦,从而怀着更平静的心态面对孩子。

不可否认的一点是,孩子因为年纪小,能力弱,所以他们虽然一心一意想要达到积极的结果,但是他们并不知道如何做才能达到积极的结果,所以有可能会出现手忙脚乱、事与愿违的情况。父母应该给予孩子更好的引导,也在必要的时候为孩子提供帮助,从而让孩子证明自己的价值,也建立归属感。

很多父母对于教养孩子的理解非常狭隘,他们认为所谓教养孩子就是要照顾孩子的吃喝拉撒和衣食住行,其实,这只是在最基本的层次上满足了孩子的需求。马斯洛把人的需求分

第八章 叛逆期怎能不犯错，正确对待孩子的错误

为五个层次，孩子除了在基本需求方面要得到满足之外，还有更高层次的需求需要得到满足。所以父母既要满足孩子的低层次需求，也要满足孩子的高层次需求，这正是教育的重要目的之一。

从现在开始，就让我们告诉自己孩子是无辜的，孩子想获得成功，想做得更好，他们所做的一切不良行为都是出于好的初心，所以我们应该竭尽全力地帮助孩子，也要给予孩子他们想要得到的助力。只有这样，我们才能让爱始终包围着孩子，也以无条件的接纳和极致的宽容理解，让孩子感受到他们的存在是幸福的。

## 第九章 透过现象看本质，透过行为洞察孩子的心理动机与需求

不管孩子做出了怎样的行为，在行为背后都隐藏着深层次的心理动机与心理需求。当孩子做出不良的行为之后，父母即使对孩子反复说教，或者动之以情，晓之以理，都未必能够起到良好的效果，最重要的是透过现象看本质，透过孩子的行为洞察孩子的心理动机和心理需求，从而让孩子获得满足，这样才能有效地改变孩子的行为表现。

## 别让孩子孤独地成长

孤独有多么可怕呢？有人曾经把孤独形容成为一个黑洞，说孤独正在吞噬自己的心灵。其实对于孩子而言，孤独是更为可怕的。曾经有心理学家说过，父母即使怀有一颗赤子之心，也不能替代同龄人在孩子成长中的重要作用。由此可见，同龄人的陪伴，对于孩子而言是生命中不可或缺的滋养。作为父母，要鼓励孩子多多结交朋友，让孩子的身边充满了朋友的欢声笑语，这样孩子的内心才会更加充实快乐。

和小学阶段孩子往往与所有同学都能够友好相处相比，在进入初中阶段之后，孩子在交友方面有了明显的倾向，这是因为孩子正在进行个性化过程，所以他们的自我意识会不断增强，而且也会做出自己的判断和选择。在此过程中，他们很难接纳所有人，而必然会凭着自己的喜好选择与某些朋友更加亲近，或者选择与某些朋友更加疏远。作为父母，既要尊重孩子交友的愿望，也要督促孩子结交更多的朋友，不要让孩子在孤独中落寞地成长。

如果孩子处于叛逆期，不愿意与同龄人相处，甚至把自己与同龄人隔绝起来，把自己关在属于自己的小世界之中，那么父母一定要对此引起足够的重视。但是却不要强求孩子，更不要强迫孩子，而是可以采取一些积极有效的方式给孩子提出更

## 第九章
### 透过现象看本质，透过行为洞察孩子的心理动机与需求

好的建议。

首先，要让孩子更加自信。有些孩子之所以不愿意与同龄人相处，是因为自卑在作祟。他们觉得自己在学习上表现得没有其他同学好，觉得自己的性格非常孤僻，并不那么外向开朗，觉得自己的身高很矮，和朋友们在一起很有压迫感，觉得自己的皮肤不够白，和其他女生在一起会显得自己更黑，觉得自己长得不漂亮，在公主们的衬托下，自己就显得更像一个灰姑娘……总而言之，叛逆期的孩子心思敏感细腻，他们会因为各种各样的原因而缺乏自信。尽管觉得大多数父母都认为这些原因不值一提，但是孩子对这些原因却非常看重。

其次，要教会孩子谨言慎行，三思而行。叛逆期孩子正处于冲动的情绪之中，情绪复杂多变，所以会因为一时的感情波动而做出过激的举动。父母要教会孩子控制好自己的情绪，提升孩子的自我管理能力和自控力。尤其是要告诉孩子，当事情发生的时候，当处于情绪巅峰的时候，千万不要着急做某些事情，而是可以让自己冷静下来进行思考。也许只要等待几分钟，过了情绪的巅峰，整件事情的后果就会不一样了。当然，父母在家庭生活中也应该为孩子树立榜样，不要总是当着孩子的面歇斯底里，而是要成为控制情绪的典范，这样才能对孩子产生潜移默化的作用。

俗话说，谁人背后无人说，谁人背后不说人。这句话告诉我们，在人际交往的过程中，谣言总是处于满天飞的状态，每个人都会被他人议论，也常常会在背后议论他人。其实，这样

的流言蜚语对于人际关系的发展和建立都是非常糟糕的，将会起到负面的作用。父母一定要教会孩子管好自己的嘴巴，不要在背后议论他人的是非。在日常生活中，父母也不要当着孩子的面议论他人，否则就会对孩子造成负面影响。有的时候，如果孩子在家里说起某个同学的好或者是不好，父母也要提醒孩子不要说他人的闲话。

最后，要始终微笑着面对一切，要对他人怀有好奇心。微笑具有神奇的魔力，当我们微笑着面对他人，他人也会回报我们以微笑，当我们微笑着面对世界，我们就会得到世界的微笑作为回馈。在校园生活中，在社会生活中，孩子一定要始终面带微笑，给他人留下良好和善的印象。这不是说我们要假装微笑、强颜欢笑，而是说我们要发自内心地对他人和整个世界微笑。那么，如果心情压抑，如何才能真正开心地微笑起来呢？最好的办法是想一些让自己高兴的事情。当心情变好了，微笑也就会常驻我们的容颜。在与他人相处的时候，我们还要学会寒暄和搭讪，要能够以好奇心对他人进行提问，激发他人的谈兴，从而与他人之间建立良好的关系。

当孩子能够做到以上四点，他们的人际关系即使不会太好，也不会太差。最重要的是在这样的人际关系之中，他们会获得很快速的成长和进步。那么，除了上述这四种方法之外，父母还可以鼓励孩子参加集体活动，或者是为孩子争取到一些机会，让孩子能够与更多的同龄人相处。例如，为孩子报名参加俱乐部，让孩子和很多志同道合的同龄人在一起学习和成

## 第九章
### 透过现象看本质，透过行为洞察孩子的心理动机与需求

长。如果孩子喜欢跆拳道，那么可以让孩子报名加入跆拳道馆。在跆拳道馆里，孩子会有很多的队友，也会有很多的对手。这不但能够提升他们的跆拳道水平，而且也能够让他们结交更多的好朋友。再如，如果孩子喜欢画画，那么可以让孩子去参观博物馆里举行的绘画展览。在绘画展览上，孩子会遇到很多和自己一样喜欢绘画的人，其中既有成年人，也有同龄人。和这些具有相同兴趣爱好的人在一起交谈时，孩子不但会结交同龄的朋友，还有可能结交忘年交呢！

总而言之，友谊是人生之中的常青树，每个人都不应该离开朋友的陪伴。正如周华健所唱的，朋友一生一起走，如果孩子在从小就能拥有真正的好朋友，而且在成长的过程中能够结交更多的好朋友，那么他们可太幸运了。

为了让孩子建立良好的人际关系，父母还要把握的一个重要原则就是，当孩子与同龄人之间发生矛盾和争执的时候，父母切勿轻易介入其中，试图帮助孩子们解决矛盾，或者试图评判是非。叛逆期的孩子有能力自己解决问题。当孩子不能圆满解决问题时，他们就会向父母或者是其他人求助，所以父母不要急于给孩子多余的帮助。有的时候，孩子会因为一些小小的误解而彼此疏远，但是他们很快就会和好如初。一旦父母介入，他们之间的裂痕就会越来越大，让孩子彻底失去一个朋友，这可不是父母的初心啊！

## 恃强凌弱为哪般

如果说我们前文所说的一些问题都是关于叛逆期的，描述了孩子做出的一些日常举动会给父母带来怎样的烦恼，且让父母面临困境，那么接下来我们要谈的问题则是孩子的异常行为。很多孩子做出异常行为，有可能会让自己和父母全都面临困境。这样的异常行为是什么呢？就是恃强凌弱的行为。

近些年来，校园凌霸的现象非常普遍，而且有一些校园凌霸的现象造成了很严重的后果。很多人都关注校园凌霸中被凌霸者的心理健康和身体健康，却忽略了凌霸者的身心健康。在这里，我们将会重点探讨被凌霸者和领霸者所发生的心理变化和隐性的心理需求。

父母是保护孩子的一道重要屏障。虽然把孩子送到了学校里，让孩子在学校里学习和生活，但是却不要认为从此之后就对孩子没有责任了。当孩子在校园生活中面临困惑的时候，如他们遭到了歧视，承受着暴力打击，或者经常接收到色情短信，或者在网络上引起了他人的共愤，以及孩子面临其他的安全问题，父母都一定要引起足够的重视，并且要及时为孩子提供帮助。校园凌霸现象之所以愈演愈烈，与父母们忽视孩子的成长状态密切相关。

一个真正合格的父母，不但要在孩子求助的时候给予孩子帮助，即使孩子没有求助，父母也应该时刻保持警惕，对于恃强凌弱和攻击行为都要对孩子进行安全教育。一旦发生了这样的问题，就要引起足够的重视，及时介入解决此类问题，这样才能为孩子的健康成长保驾护航。

对于现在越来越普遍的恃强凌弱问题，父母要采取集体参与的方法才能有效地解决问题。例如，要把这件事情通知老师，并且通知凌霸者的父母。最好大家能够坐在一起敞开心扉地沟通，寻求一个合理的解决办法。但是我们面对的对象毕竟是未成年的孩子，所以我们采取的方式方法也有很大的局限性。例如，我们无法采取法律的手段对待他们，在没有形成严重的后果之前，我们也不能与他们进行决斗，采取以暴制暴的方式对待他们，否则我们就涉嫌伤害未成年人。有一些心理学家建议通过与凌霸者交朋友的方式，防止发生欺凌行为，这样的方式尽管有一定的可行性，但是如果凌霸者要求被凌霸者与他们一样去凌霸他人，恃强凌弱，事情的结果就会变得更加糟糕。

从心理学的角度来说，凌霸者应该学会共情。他们要知道自己的行为给他人带来了怎样的伤害，并且对受害者感同身受。如果有心理需求没有得到满足，那么他们可以寻求帮助，如向学校里的心理部门进行咨询，或者是寻求专业心理医生的帮助，这对于帮助他们摆脱不良的心理和情绪都是很有效的。

从被欺负的孩子角度来说，如果他们总是逆来顺受，即使被欺负了，也不敢向父母求助或者是倾诉，那么他们就会长期陷入这样的困境之中。通常情况下，被欺负的孩子往往在班级里是非常孤立的,他们没有真正的朋友,总是特立独行,这因为如此才使得欺负人的孩子找到了可乘之机,趁着被欺负的孩子落单之际,对他们进行欺凌。

在恃强凌弱的事件之中,除了欺负人的孩子和被欺负的孩子之外,其实还有第三者存在,那就是作为旁观的孩子。作为旁观者,要能够积极地进行干预,或者是把这件事情告诉老师家长等人。如果他们总是放任这种事情不管,那么渐渐地,他们就有可能成为下一个被欺负的对象。

恃强凌弱的现象往往发生在学校里,那么学校作为孩子们学习和生活的一个公共场所,应该为孩子们提供安全的环境。学校里还应该设置专门的心理诊室,为那些欺负人的孩子和被欺负的孩子提供心理咨询,对他们进行心理干预和指导,这样孩子们才能及时消除不良的情绪,以更积极有效的方式解决问题。

很多人都误以为恃强凌弱的行为只存在于肢体冲突之中,实际上不管是在语言上还是在情感上,都会存在恃强凌弱的行为。例如,在语言上压制对方,或者在情感上贬低对方,这都会给对方造成很大的伤害。随着网络的普及,这种伤害不仅仅发生在现实生活之中,也有可能发生在虚拟的互联网上。

总而言之,任何恃强凌弱的行为都有三方,即欺凌者、受害者和旁观者。作为这三方之中的任何一方,都不能够置身事外,而是有义务及时把这些情况反馈给学校、老师和父母。当同学之间的矛盾和纠纷升级到恃强凌弱的高度,就不要再遵循

## 第九章
透过现象看本质，透过行为洞察孩子的心理动机与需求

上文所说的让孩子们独自处理矛盾的原则，而是应该积极地介入，帮助孩子们解决这些问题。

在一些极端的欺凌事件之中，被欺负的孩子会选择自杀，如前段时间热播的电影《少年的你》中，那个被欺凌的女孩就选择了跳楼，这给身边的同学都带来了很严重的心理冲击和心理伤害。也有一些同学在长期欺凌他人的过程中心理越来越扭曲，具有很强的暴力倾向，他们做出的欺凌行为也会越来越严重，他们甚至会带着凶器到学校里伤害老师和同学。显而易见，他们在伤害他人的同时，也终止了自己幸福快乐的成长时光，使自己的人生面临灭顶之灾。

对于校园凌霸现象，很多成年人都选择了错误的思考方式，他们想要以暴制暴，想要找出欺凌者，让欺凌者承担责任，或者是追究欺凌者父母的责任，而往往忽略了孩子在欺凌行为背后的深层次心理原因。其实，要想从根本上解决欺凌的问题，就应该培养孩子的自律和自控能力，增强孩子的责任感，让孩子实现自己人生的价值，找到归属感。在集体生活之中，只要学校、老师和父母三方都对孩子展开引导，孩子就会有非常明显的改变。

面对被欺负的孩子，父母切勿指责孩子太过胆怯懦弱，而是要给予孩子从身体上到精神上全面的支持和帮助。尤其是要与孩子产生共情，理解孩子所处的艰难处境，也能够宽容孩子做出的各种举措。父母一定要告诉孩子，进攻才是最好的防御方式，否则孩子现在在学校里遭受欺凌成为习惯，将来有朝

一旦长大成人进入社会生活中，也有可能面对那些比较强势的或者怀有恶意的人。到时候，又该由谁来保护孩子呢？有的时候，孩子不得不假装坚强，这也是他们保护自己的一种手段。作为父母，要与孩子坦诚地沟通，要了解孩子目前所处的境遇，也要给予孩子最强有力的支持。

尤其需要注意的是，以暴制暴是行不通的，因为以暴制暴只会导致更加暴力和血腥的事件发生。父母应该给予孩子自信，也要教会孩子如何防身。当孩子具备了自信、强大的内心和防身的能力，他们在现实生活中即使没有机会运用到自信和防身能力，也会因此而变得更加坚强，更加勇敢。

## 孩子早恋的行为表现和心理动机

在如今的家庭教育中，很多父母都会刻意回避对孩子进行性教育，他们甚至以为只要不对孩子开展性教育，孩子就会不知道性为何物，也就不会发生不合时宜的性行为，更不会因此给自己惹上麻烦。其实，这是父母掩耳盗铃的行为，也表现出父母在教育观念上的迂腐和落后。处于叛逆期的孩子已经产生了性的需求，对异性更加好奇，所以他们等不及父母在他们长大之后再与他们谈论关于性的问题。此外，由于社会越来越开放，西方的各种先进思潮不断涌入，使得孩子对性行为的观念与父母截然不同。

## 第九章
### 透过现象看本质，透过行为洞察孩子的心理动机与需求

当父母一厢情愿地把孩子看成是那个还很稚嫩的小生命时，孩子很有可能已经在父母不知情的情况下做出了一些性行为，甚至拥有了性伙伴。尤其是在西方国家里，孩子们之间经常举行派对，他们也会在酒精的刺激下做一些性游戏。对于孩子在性方面的发育和成长存在误解，是导致性教育迟迟姗姗来迟的重要原因。父母必须弄明白一点，那就是孩子的成长并不会因为父母不愿意面对就出现推迟和滞后的现象，父母必须积极主动地面对孩子的成长，才能在性方面给予孩子更好的引导和帮助。

现实生活中，孩子的性发展主要表现为早恋，尤其是对于青春期的孩子来说，他们对异性充满了好奇。如果说在小学阶段，孩子们并不愿意和异性交往，那么在进入初中阶段之后，孩子们对异性表现出了很强烈的好奇心，他们也会对异性产生懵懂的感情。所以父母要正视孩子的性发展，才能及时给予孩子帮助和引导。

最重要的是要让孩子认识到性会传播很多疾病，并且让孩子知道性行为只有发生在适宜的年纪，才会带来好的结果。如果在不合时宜的时候发生性行为，那么就有可能给自己和他人带来伤害。即使知道孩子已经出现了早恋的苗头，甚至已经正式开始了早恋，并且在早恋的过程中做出了逾越规矩的举动，也不要给孩子贴上各种负面标签。曾经有一位母亲责骂漂亮的女儿是狐狸精、荡妇，这样的话如同一把把尖刀刺伤了女儿的心，使女儿即使在成年之后也不能忘记母亲对她的伤害。任何

时候，父母都应该牢记自己的身份，知道自己是孩子成长的引导者，对孩子的成长起到至关重要的引导作用，而不要因为孩子做出了某些举动，不能符合父母的预期，父母就肆无忌惮地责骂、羞辱孩子。

也有很多父母对孩子的早恋行为如临大敌，把孩子的早恋行为视为洪水猛兽，其实这也是没有必要的。对于青春期的孩子而言，早恋的发生是正常的现象，这是由于他们身心发展所处的特殊阶段决定的。当发现孩子有早恋的蛛丝马迹时，父母应该保持淡然的心态，必要的时候要对孩子开展性教育，或者与孩子针对性进行沟通，询问孩子对于性有什么样的看法。此外，还可以与孩子对性这个问题展开探讨。正因为处于叛逆期，所以孩子的思想复杂多变，父母要让孩子对性有正确的认知，也要让孩子学会在成长的过程中保护好自己。

每年到了寒暑假之后，医院里就会有很多未成年人做人流。之所以出现这样的情况，是因为缺乏性教育。虽然和孩子谈论性往往会让传统的父母感到尴尬，但是相比起保护孩子的人身安全，让孩子更健康地成长，这一点尴尬是真爱孩子的父母完全可以面对的。作为父母真的无法逃避性教育，所以不如积极主动地对孩子开展性教育。在此过程中，父母要把握以下的几个原则。

首先，不要在孩子面前把性描述成一种龌龊的行为，而是要引导孩子以客观的态度去看待性，也知道性在正常的恋爱之中是一件非常美好的事情，从而避免孩子对性形成误解。

## 第九章
### 透过现象看本质，透过行为洞察孩子的心理动机与需求

其次，要让孩子学会区分性与爱是完全不同的。性更倾向于动物性的本能，而爱更倾向于精神上和情感上的需求。父母要引导孩子把性与爱联系在一起，这样孩子才会知道性是非常神圣的。

再次，要教会孩子使用安全套，这样既能够预防性传播疾病，又能避免孩子意外怀孕。虽然有些父母担心性教育会对孩子起到误导作用，或者反而勾起孩子对性的好奇心，让孩子对性跃跃欲试，其实这样的担心是多余的。只要我们采取正确的方式对孩子开展性教育，也真正地让孩子理解性与爱的关系，那么，孩子就会把性看得和爱情同样神圣，就不会轻易地尝试性。作为父母，如果发现孩子已经开始早恋，有了很亲密的伴侣，那么就要教会孩子使用安全套，让他们在必要的情况下采取措施来保护好自己。这是父母给孩子提供的最后一道防线。

最后，让孩子对爱情更加憧憬。爱情是造物主赐予人类的最好礼物，如果孩子对爱情没有憧憬，而且把性也视为一种游戏，他们对性的态度就会非常随便。反之，如果孩子对爱情满怀憧憬，也认为性与爱应该是合为一体的，那么他们对性就会更加慎重，也会认为性是非常神圣。

作为叛逆期孩子的父母，早恋问题已经无可回避，性教育也是不可避免的。既然如此，我们就要透过孩子早恋的行为，看到孩子的心理动机和情感需求，在必要的时候给予孩子有效的支持，这样的举动对于帮助孩子度过青春期是极其有益的。

## 不要让离家出走成为家的噩梦

很多父母都在抱怨如今的孩子不知道怎么了,动辄就要离家出走,严重的就要自杀,这使得父母对孩子说不得,打不得,骂不得,孩子简直变成了家里的太上皇,父母只能顺从孩子的意愿,满足孩子的需求。这样培养出来的孩子真的能够成为人才,支撑起整个家庭,也能够成为社会的栋梁之材吗?答案当然是否定的。孩子为何如此脆弱,让父母不知道应该如何面对呢?其实,原因不仅仅出在孩子身上,父母更应该从自身来反思原因,这样才能真正有效地解决问题。

现代社会中,很多家庭里都是独生子女,父母本身也是独生子女,然后又生养了独生子女。这样独特的"421"家庭结构导致家庭生活以孩子为重心,凡事都顺从孩子,渐渐地,孩子就会越来越骄纵宠溺。他们在一帆风顺的环境之中成长,认为所有人甚至整个世界都应该围绕着他们转。正是在这样的心态影响下,一旦遇到不开心或者不满足的事情,他们就无法承受。有些孩子的玻璃心正是由此而来。在教养孩子过程中,父母应该从小就注重培养孩子承受挫折的能力,提升孩子的耐挫力,也应该告诉孩子这个世界从不因为任何人而存在,谁也不可能做到对世界完全满意,从而让孩子做好心理准备,迎接生命中的各种坎坷境遇。

除了孩子自身的身心发展原因之外,有些孩子之所以离家出走,与父母给予他们过大的压力也是密切相关的。现代社会

## 第九章
### 透过现象看本质，透过行为洞察孩子的心理动机与需求

中，大多数父母都陷入了教育焦虑状态，他们自己生存得非常艰难，也就理所当然地认为孩子如果不能在学习上有出类拔萃的表现，将来在成长过程中就会吃很多苦头，即使长大成人也不能过上好日子。正是在这种思想的驱使下，父母望子成龙，望女成凤，他们对孩子唯一的要求就是希望孩子学有所成。当父母把孩子当成了学习的机器，把社会生活的压力转嫁到孩子身上，孩子就会觉得不堪重负。有些孩子之所以选择离家出走或者是选择自杀，就是因为他们想帮助自己彻底解脱。

不得不说，离家出走是父母不能承受的生命之痛，也是整个家庭的噩梦。孩子在离家出走之后会面临未知的命运。有些孩子在离家出走之后被父母或者其他的亲戚朋友、警察同志等寻找回来，再次回归家庭，他们因为在外流浪时吃足了苦头，所以会非常珍惜温暖幸福的家庭生活。也有一些孩子在离家出走之后会遭遇不测，他们被坏人诱拐，运气好的被卖到深山老林里，一辈子不能再回到自己的家；运气不好的有可能会被那些别有用心的人所利用，让人生从此走上歧途，陷入痛苦之中无法自拔。虽然叛逆期的孩子已经十几岁了，他们也还是没有能力独立生活，所以不管处于怎样的情况，父母都要保护好孩子，让孩子在自己的身边健康快乐地成长，而切勿以任何方式伤害孩子。

家应该是每个人最温馨的港湾，也是每个人最能够依靠的地方。如果连家都成为孩子想要逃离的噩梦之地，那么作为家庭主导者的父母就一定要进行深刻的自我反思。遗憾的是，现

实生活中有很多父母即使发现孩子已经离家出走了,也依然无法认识到自身的很多问题,他们会觉得自己是世界上最爱孩子的人,也会觉得自己所做的一切都是为了孩子,而从没有想到孩子真正需要的是什么,更没有想到自己的所作所为给孩子带来了怎样的伤害。

无数父母都爱打着爱孩子的名义对孩子进行捆绑、束缚和压迫,却对于自己的行为毫不自知,这正是孩子的悲哀所在,也是家庭教育的悲哀所在。从现在开始,父母应该更加尊重孩子,学会换位思考,真正地为孩子着想,这样才能给孩子更好的成长空间。

一个家庭的破碎,也许就是从孩子离家出走开始的。在孩子走失之后,父母们谁也回不到从前,失去孩子的心痛让他们夜不能寐啊,面对彼此又让他们想起了不能失而复得的孩子,所以整个家庭也就面临着支离破碎的情况。从这个角度来说,父母珍爱孩子,重视孩子,不仅仅是反思教育的结果,也是维护整个家庭的初心。

那么,孩子到底为何离家出走呢?只有弄明白这个原因,父母才能够有的放矢地解决问题。

首先,孩子之所以离开家,是因为家对于他们不再是温暖的所在。如果父母从来不陪伴他们,也没有给他们传递爱,那么他们就会把家视为噩梦,认为家是一个冰冷的地方,迫不及待地想要逃离家庭。

其次,孩子之所以离开家,是因为他们不再信任父母。有

## 第九章
### 透过现象看本质，透过行为洞察孩子的心理动机与需求

些孩子在犯了严重的错误之后不敢向父母诉说，就以离家出走的方式试图逃避责任，这与父母平日里对待孩子过于严厉，总是苛责或者是训斥、惩罚孩子有密切关系。父母最应该给予孩子的就是安全感。要想保证孩子的安全，要想顺利地开展家庭教育，就要让孩子在任何情况下都能够信任父母，依靠父母。尤其是在遭遇一些特殊的情况时，更是能够把自己所思所想告诉父母，这样父母才能为孩子的成长保驾护航。

再次，孩子受到了不良诱惑。孩子偶尔受到诱惑，并不会在短时间之内就产生离家出走的念头。当孩子因为受到不良诱惑而做出离家出走的举动时，往往意味着他们在很长时间内都被诱惑。父母作为最理解和关爱孩子的人，每天与孩子朝夕相处，应该观察孩子的言行举止，捕捉到孩子细微的变化，这样才能及时阻止孩子，也才能及时地把孩子从思想的歧途上拉回正轨。

最后，孩子有更好的去处。除了家之外，孩子还会有更好的去处吗？当然没有。但是孩子还小，他们缺乏甄别能力，很容易受到社会上居心叵测的人迷惑，所以他们会认为自己哪怕离开了家也能过得更好。在这样的心态下，父母想要防范孩子往往是很难的。在日常生活中，父母要教会孩子识别人心，教会孩子明确是非，帮助孩子提升判断能力，这样才能避免孩子被他人误导，或者遭到他人的欺骗。

总而言之，没有任何家庭和父母能够承受失去孩子的痛苦。孩子不但是一个家庭的希望，也是一个家庭的幸福所在。

孩子长大了，自然地离开家，是让父母欣慰的。孩子如果因为离家出走而从此杳无音信，那么父母的内心就会在不安之中煎熬，整个家庭就会面临分崩离析的厄运。

## 重视孩子的饮食紊乱现象

对叛逆期的孩子而言，他们会遇到各种各样的问题，如果说父母对于孩子的性行为、自杀行为、虐待行为、沾染毒品等可怕的行为都已经引起了足够的重视，那么，还有很多父母对于以下的问题往往采取忽视的态度，甚至根本不认为这些行为会导致严重的问题。也有一些父母寄希望于这些问题能够自动解决，自动消失，这样他们就无需为这个问题而大动干戈，大费周折了。这个问题到底是什么呢？看到这里，一定有很多父母都感到非常好奇。其实，这个问题与我们每个人每天都要做的事情密切相关，那就是饮食问题。俗话说，民以食为天，每个人每天都要吃一日三餐或者一日两餐。如果孩子的饮食出现问题，不但会严重影响他们的身体健康，还会导致他们的心理发展也出现异常，使他们陷入心理疾病的困境之中，无法摆脱。

每一位父母都知道，孩子要吃饱穿暖，只有摄入均衡的营养才能健康成长；只有穿暖和才能避免受凉。却很少有父母关注到孩子出现饮食紊乱的现象，也不知道孩子的饮食紊乱现象

## 第九章
### 透过现象看本质，透过行为洞察孩子的心理动机与需求

是与心理问题密切相关的。有些父母因为过于关心孩子的营养摄入，所以希望孩子吃越多的食物越好，这会导致孩子暴饮暴食，在饮食上失去分寸。尤其是有些父母本身体型肥胖，他们并不在乎自己的外表和形象，也还有一些父母过度节食，盲目地追求以瘦为美，这些都会给孩子造成负面的影响。要想让孩子形成健康的饮食习惯，父母首先要保证孩子吃得正确。只有坚持正确的饮食，孩子才能拥有健康的身体。

在饮食问题方面，很多父母过于相信孩子，他们认为孩子饿了就会吃，不饿的时候就会停止进食，其实这是对孩子的高估。尤其是对于那些年纪小的孩子而言，当吃到美味的食物，他们就会饮食无度；当吃到不喜欢吃的食物，他们就会出现厌食的情况，因而不愿意进食。在这样的恶性循环之中，孩子的饮食紊乱现象就会变得越来越严重。

让孩子坚持正确的饮食，父母还要引导孩子形成正确的审美观。现代社会中很多人的审美观都扭曲了，尤其是在娱乐圈里，一些明星们追求骨感美，或者是追求一些另类的美，都会对孩子造成不良影响。孩子们往往通过网络新闻或者是其他的一些信息渠道看到明星的图片。当看到明星非常美丽，他们就会特别羡慕。例如，有些女孩喜欢某位女明星的骨瘦如柴，她们也就会刻意节食；有些女孩喜欢某位女明星的丰腴之美，她们就会多多地摄入营养，希望自己也能和这位女明星一样具有丰腴之美。总而言之，叛逆期的孩子对于很多事情还缺乏判断能力，他们也很容易受到外界的影响，因而出现盲目从众的

行为。他们除了会追随自己喜爱的明星或者偶像之外,在团体活动中,也会受到其他团体成员的影响。例如,在一个小团体里,大家都在节食,只有一个孩子没有节食,那么他最终会迫于压力而的不得不选择从众。

不得不说的是,大多数的饮食紊乱都是从童年时期开始的。记得有一部电影讲述了一个厌食症患者的生活。这位厌食症患者经常摄入大量的食物,然后又担心自己会因为营养过剩而患上肥胖疾病,所以就采取刺激呕吐的方式,帮助自己把食物吐出来。日久天长,他陷入了恶性循环的状态之中,对食物的欲望越来越强,也更加频繁地通过刺激呕吐的方式迫使自己吐出食物。最终,他患上了严重的厌食症,看到任何食物都想呕吐,身体已经形成了强烈的条件反射,很难改变。看到这里,父母们也许会感到很奇怪:作为一个厌食症患者,为什么那么贪食呢?有这样的疑惑,是因为父母们不了解厌食症的各种表现。像这种大量摄入食物且有催吐行为的患者,在医学领域被称为所谓患者,就是说他身上存在两个矛盾的极端,一方面身体的需求让他大量进食;另一方面追求以瘦为美又让他刺激呕吐。在此过程中,他的精神饱受折磨。

具体来说,叛逆期孩子的饮食紊乱现象有什么表现呢?例如,有些孩子会过度肥胖。他们虽然为自己肥胖感到烦恼,但是却不愿意以健康的方式控制食物的摄入。还有一些孩子会出现严重的厌食表现,他们看到所有的食物都不愿意吃。还有一些孩子会严格地限制食物摄入,这使他们长期处于饥饿状态,

第九章 透过现象看本质，透过行为洞察孩子的心理动机与需求

产生强烈食欲，因而出现贪食症的症状。贪食症的症状并不会使他们变得肥胖，这是因为他们在不加节制地狂吃之后，会以各种方式来让自己呕吐或者排泄出食物，从而让自己的身体始终保持纤细苗条。这种情况更多地出现在女孩身上，所以父母如果发现女孩在饮食上出现异常，一定要引起足够的重视。在此情况下，父母不但要带着孩子向医生寻求帮助，也要向心理医生进行咨询，并且进行积极的治疗。

俗话说，人是铁，饭是钢，一顿不吃饿得慌。一个人要想健康地存在，就必须要摄入充足的营养，但是吃饭是很讲究科学配比才能营养均衡的。不管是吃的过多还是吃的过少，对于我们的身体健康都是不利的，所以我们必须吃得恰到好处，才能让自己的身体越来越强壮。从现在开始，父母一定要关注孩子的饮食情况，这样才能让孩子健康饮食，也才能让孩子茁壮成长。

# 第十章 避开正面管教的误区，让教养卓有成效

只有避开正面管教的误区，正面管教才能卓有成效。否则，即使坚持正面管教的教育观念，采取正面管教的教育方式与方法，也未必能够更好地达到正面管教的目的。那么，正面管教的核心在于哪里呢？坚持正面管教，一定要做到不骄纵，不宠溺，和善而坚定。

## 不要骄纵宠溺孩子

西西是家里的独生女，从小就在父母无微不至的照顾下成长，哪怕想要天上的太阳和月亮，父母也会想方设法地给她。又因为父母本身也是独生子女，所以西西还得到了姥姥、姥爷和爷爷、奶奶全心全意的爱。在全家人爱的包围和簇拥之下，西西快乐极了。

转眼之间，西西进入了初中阶段。在小学阶段，学习任务相对比较轻，注重培养学习习惯，西西学习得很轻松。而相比之下，初中阶段的学习任务陡然变得更加艰巨，作业量也变得越来越大。这使西西在学习上面临很多困难。有一段时间，西西非常郁闷。妈妈看到西西不开心的样子，询问西西是何原因，这才得知西西在初一上学期的期末并没有评得三好学生。

西西从小到大都是三好学生，看到西西这么失落的样子，妈妈赶紧给老师发信息询问情况。她问老师："老师，我家西西在学校里的表现怎么样啊？我听说班级里一共三十多个人，评选出了十几个三好学生或者是优秀学生，却没有我家西西。她的表现有这么差吗？"老师过了很久才给西西妈妈回信。老师在回信里说："西西妈妈，孩子们都非常优秀。不过他们已经进入初中了，不可能像幼儿园阶段那样给所有孩子都颁发奖状，否则就无法起到激励的所用。西西的表现还是很不错的，

## 第十章 避开正面管教的误区，让教养卓有成效

不过距离拿到三好学生奖状还有小小的差距，希望她能在新学期里再接再厉，我也会多多关注和帮助孩子的。"

妈妈把老师的话告诉了西西，西西当即号啕大哭起来。妈妈心疼不已，又想去找老师沟通，这个时候爸爸阻止妈妈，说："不要再去找老师了，老师的话已经说得很清楚了，再找就是自找难看了。孩子表现得不够优秀，那就继续努力啊。小时候，我们总是满足她所有的欲望，导致她现在得不到奖状也要来找我们。其实得不到奖状是她自己的事情，她应该反思自己哪里做得好，哪里做得不好，争取下次有更好的表现。我想西西只要坚持去做好，就一定能够得到三好奖状。"后来，爸爸还鼓励西西了呢！在爸爸的鼓励和支持下，西西终于接受了现状，并且调整好了心态，摩拳擦掌地要在新学期做出更好的表现呢！

如果孩子从小就习惯于了万事顺遂如意的状况，那么一旦在成长过程中遭遇小小的坎坷挫折，他们就会无法接受。在这个事例中，爸爸妈妈和所有长辈一直在骄纵和宠溺西西，才使西西在进入初中生活之后，对于自己没有评上三好学生这件事情难以接受，妈妈还为此和老师沟通。幸好爸爸还是很理性的，他知道西西必须面对残酷的现实，因而阻止了妈妈继续去找老师。

孩子终究要长大，与其因为宠溺使他们长大之后面对残酷的现实感到手足无措，不如从小就引导他们面对生活的现状，这样他们的内心才会越来越坚强，也才会积极地想办法实现自

己的愿望。

在教养孩子的过程中，虽然坚持正面管教，给孩子制定规矩，能够起到一劳永逸的效果，但是大多数父母在面对孩子突然爆发出来的各种问题时难免会感到心慌意乱，也就会仓促地采取那些注重短期效果的教养方式。例如，骄纵宠溺孩子，满足孩子不合理的愿望，这些都能够让孩子马上从情绪焦躁的状态变为情绪平静，甚至他们还会从对父母不满转为对父母非常满意，心怀感激。虽然这样的方法能够暂时处理好父母与孩子之间的矛盾，但是却会引发更严重的矛盾，那就是使孩子长此以往形成以自我为中心的、任性霸道的坏习惯，这对于孩子的成长是极其不利的。

如果说孩子小时候父母习惯于无微不至地照顾孩子，满足孩子的各种需求和欲望，那么随着不断成长，父母还要这样对孩子事无巨细地照顾吗？虽然孩子作为新生命呱呱坠地之后始终离不开父母的养育，但是随着不断成长，他们各方面的能力都在增强，因而父母必须与时俱进，才能陪伴孩子成长，也才能更新观念，给予孩子更适宜的教育。

具体来说，骄纵宠溺孩子会造成怎样的后果呢？

首先，孩子会形成依赖性。他们不管做什么事情，第一时间就想寻求父母的帮助，而且他们的自理能力特别差，因为他们已经习惯于让父母帮助他们，满足生他们的生活所需。这使孩子过于依赖父母，独立性发展受到很大的限制。

其次，他们会对爱产生误解。他们觉得一个人既然爱自

## 第十章 避开正面管教的误区，让教养卓有成效

己，就应该全心全意地照顾自己。例如，他们在成长的过程中一直接受父母的照顾，那么在长大之后，有了自己的家庭，在与自己的爱人相处时，就会理所当然地认为爱人也有责任和义务照顾自己，这当然会导致家庭生活出现很多的矛盾和纷争。在成长过程中，他们在与他人相处的时候，也会要求他人对他们无私付出，无条件地贡献，这都是爱的误区。

再次，孩子会过于看重物质，缺乏感恩之心。这是因为父母在对他们付出爱，全心全意照顾他们的过程中，往往以为他们提供所需，满足他们的各种物质需求为主要方式。当孩子被物质包裹起来，当孩子轻而易举地就能够实现自己的心愿，他们就会更加看重物质，而忽略为他们提供这一切的父母，所以他们对父母就会缺乏感恩之心。

最后，孩子会缺乏自信心。他们会认为自己做什么都不行，必须依靠父母才能更好地生存下去。渐渐地，他们还会贬低自己，认为自己特别无能，认为自己在成长的过程中一无是处，这使得孩子感到非常苦恼。正是在这样的心态影响下，孩子的表现才会越来越糟糕。

在骄纵型的教养过程中，虽然父母自认为自己把孩子照顾得无微不至，已经尽到了作为父母的职责、责任或者是义务，而且能够在孩子需要的时候给予孩子更多的帮助和照顾，但实际上，他们却在无形中剥夺了孩子发展独立能力的权利，也剥夺了孩子独立生存的可能性。有一点是所有父母都需要明确的，那就是父母不管多么爱孩子，都不可能始终陪伴在孩子

身边,总有一天孩子会长大,会离开父母,独自面对自己的人生。在那个时候,他们又应该让谁去满足他们的所有需求和欲望,并且给予他们最好的照顾呢?俗话说,靠山山会倒,靠树树会跑,只有靠自己才是最可靠。孩子应该从小就树立这样的观念,尽管孩子需要依靠父母的照顾才能健康成长,但是他们最终必须做到独立自强,才能实现成长的终极目标。

俗话说,父母的溺爱是对孩子最大的害,其实父母的骄纵和宠溺更是会害了孩子的一生。童年时期,孩子在父母的娇纵和过度保护之下成长,他们会感到欢喜,但是终有一天痛苦将会降临,现实且残酷的人生将会使他们感到措手不及。

父母应该思考自己必须借助于哪些机会培养孩子的独立能力,让孩子知道每个人都不可能心想事成,万事如意。孩子只有渐渐地接受生活残酷的面目,才能在成长的过程中有更好的表现。

## 对待孩子的态度切勿摇摆不定

在教育孩子的过程中,很多父母因为孩子哭闹不休,或者是与孩子之间发生了矛盾冲突,就会在仓促之中采取产生短期效果的教育方式,想要安抚孩子,使自己与孩子之间暂时恢复和平稳定的关系。当父母总是这么做,就会发现孩子变得越来越骄纵宠溺。虽然父母会因为无奈而暂时安抚孩子,但是这并不意味着父母对孩子没有长远的教育规划和目标，正是因为他们知道教育孩子要注重根本，争取实现长期的效果，所以他们才会在采取短期有效的教育方式时摇摆不定。他们既想暂时安抚孩子，又想对孩子起到长期的教育效果，因而他们会非常迟疑和矛盾。

在教育孩子的过程中，如果父母能够坚持反思，反思自己的教育理念和所采取的教育方式方法，那么渐渐地就会知道哪些教育措施是有效的，哪些教育措施是无效的，哪些教育措施对孩子的长远成长有好处，哪些教育措施只能暂时安抚孩子。在经常这样思考的过程中，父母就会意识到自己目前所采取的养育方式有哪些优势和长处，又有哪些缺点和不足。

自从上了初中之后，妈妈要求波波每天都要在十点半准时睡觉，早晨六点钟准时起床，而且每天晚上和早晨都要用半个小时背诵基础知识，这是因为初中的很多课程中，都有大量的知识和内容是需要熟练背诵的。波波对此却心怀抵触，他是个慢性子，常常会拖延到11点钟才开始收拾作业本和书包，准备上床睡觉。刚开始的时候，妈妈对波波采取睁一只眼闭只眼的态度，但是后来妈妈发现波波拖延的时间越来越长，她决定采取一个标本兼治的好方法教育波波。

如果波波从不拖延上床的时间，那么他就能够做到每天晚上和早晨都背诵半个小时。所以波波的拖延引起了连锁反应，后果还是很严重的。这天晚上，波波和以往一样，回到家里之后先是吃零食，接着吃晚饭，然后洗澡，最后才开始写作业。

这个时候，妈妈提醒波波："今天晚上十点钟准时开始背诵，十点半准时熄灯睡觉。你可以提前几分钟结束背诵，但是十点半晚一分钟都不行，必须准时熄灯，不管你在做什么。"

听到妈妈斩钉截铁的话，波波抵触地皱紧了眉头，正想抱怨呢，妈妈却不给波波机会反驳，妈妈说道："我发现时间必须分毫不差，否则你的拖延症就会越来越严重。十点半我们也会熄灯睡觉，以后十点半就是全家的熄灯时间。"听到妈妈这么说，波波无从反驳。他知道爸爸妈妈之前都很喜欢在晚上入睡前看一部电影，这样一来，爸爸妈妈也必须舍弃这个爱好，陪着他早睡早起。

爸爸下班回到家里，妈妈把这个新决定告诉了爸爸，爸爸当即大呼小叫起来："这怎么行呢？我还想今晚看一部期待很久的电影呢！"妈妈反问爸爸："是你看电影重要，还是孩子的学习重要呢？电影可以等到周末休息的时候白天看，不用每天熬夜看。而且我每天早晨六点钟就要起床给波波做饭，的确感到很困倦，以后就把看电影的时间调整到周末吧！"在妈妈的坚持下，爸爸只好停止抗议。

这个规定执行了一段时间之后，妈妈又松懈下来，偶尔她和爸爸看电影会到11点多才关灯。每当这样的日子，波波即使已经做好了上床睡觉的准备，也会再做一些其他事情，更晚的时候才关灯睡觉。看到波波这样的表现，妈妈知道这样的摇摆不定对波波产生了误导的作用，她只好再次召开全家的会议，要求全家人都严格遵守作息时间，不允许有任何例外。

# 第十章
避开正面管教的误区，让教养卓有成效

几次三番之后，妈妈终于下定了决心，也让全家人都开始执行规定，经过这样的调整，波波习惯了每天晚上十点开始背诵，十点半准时睡觉，早晨六点起床，背诵到六点半，准时洗漱吃饭，然后坐爸爸的车赶去学校。坚持了一段时间之后，全家人的生活都特别有规律，妈妈因为不再熬夜看电影，白天也神清气爽。她由衷地说："看来我们要先管好自己，才能管好孩子。而且管谁都要态度坚定，才能起到预期的效果！"

俗话说，上梁不正下梁歪，虽然根据这句话的原始意思，把这句话用于家庭教育挺不合适，但是其道理用在这里却是很合适的。父母不管要求孩子做什么，自己首先应该做到，而在自己做到之前，父母应该坚定态度，不管是对自己还是对孩子，父母都只有态度明确，采取一贯的措施对待全家人，才能让全家人都心甘情愿地遵守规则。

那么，父母在对待孩子的态度上，既要保持前后一致，又要保持彼此一致。除了自己的态度摇摆不定之外，在有些家庭里，父母对于孩子的教育观念也是不同的，这使得他们采取不同的教育方法对待孩子。孩子还小，他们原本是非常信任父母的，如果父母之间都不能达成一致，那么就会让孩子感到很迷惘。也有一些孩子因此而钻了父母的空子，在父母之间挑起矛盾和争执，从而使得家庭教育处于混乱的状态。所以父母既要做到自己前后一致，也要做到全家人对孩子的教育态度都很一致，这样才能让正面管教事半功倍。

## 给孩子解释的机会

　　叛逆期的孩子总会因为各种各样的原因做出一些行为和举动。这些行为和举动并不能完全让父母满意,甚至还会触犯父母制定的规则,违背父母的底线。在这样的情况下,父母难免会对孩子心生不满。当发现孩子犯错误的时候,父母应该怎么做呢?或者当发现孩子的表现与自己的要求背道而驰时,父母又应该如何对待呢?很多父母会劈头盖脸地数落孩子,不由分说地责骂孩子,甚至会对孩子动手动脚,但是他们唯独忘记了一件事情,那就是要给孩子解释的机会。

　　细心的父母会发现对于叛逆期的孩子而言,他们一旦遭受误解或者是受了委屈,就会感到难以承受。这是因为他们在此期间自我意识渐渐形成,渴望着自己能够表现得更好,从而尽快脱离父母的保护。如果父母误解了他们,或者错误地解读了他们的行为,那么他们就会感觉受到了侮辱,也会因此而对父母心生嫌隙。从另一个角度来说,不管孩子做了什么事情,在孩子的一切行为背后,都是有心理动机和心理需求的。作为父母,一定要给孩子解释的机会,这样孩子才能知道和了解事情的真相。如果对孩子的解释心存疑虑,那么也可以从其他人的口中侧面了解整件事情。总之,父母不管要对孩子采取怎样的教育措施,都要以了解事实真相为基础,这样才能做到公平公正,否则连事实真相都扭曲了,又谈何公平公正呢?

　　有些父母之所以不由分说地就开始数落、批评、否定和打

## 第十章
### 避开正面管教的误区，让教养卓有成效

击孩子，是因为他们对孩子存有先入为主的观念。在成长的过程中，很多孩子的确特别顽皮淘气，也会做出一些让父母不满的事情，但是孩子的成长是一个动态的过程，他们始终都处于发展和变化之中。如果父母认为孩子始终都是糟糕的，对孩子先入为主，那么就会对孩子存有误解。作为父母，当意识到自己对孩子有这样的偏见时，一定要积极地改正和反思自己，避免在教育孩子时进入误区，从而积极地采取有效的教育措施，与孩子进行沟通，对孩子开展教育。

正如人们常说的，你所看见的未必是真实的，你所听到的也未必是真实的。哪怕我们听到和看到的都是真实的，我们也要探求事情表面隐藏的深层次原因，从而给予整件事情以严谨的逻辑思维。例如，在司法机关断案的时候，他们需要寻找完整的证据链，哪怕他们已经推理出了案件的整个经过，或者得到了作案人的认罪表示，也必须寻找完整的证据链，才能证明整件事情是真实的，是客观发生的。对于孩子所经历的一切，父母当然要知道真相。对于孩子所犯的错误，如果父母认为孩子是恶意的，那么往往会严厉地责罚孩子；如果父母知道孩子之所以做出这样的举动是情有可原的，那么就会考量自己的惩罚措施，也给予孩子更积极的对待。

除此之外，父母还要认识到一点，那就是孩子毕竟是孩子，他们并不具备独立行为的能力。孩子在成长的过程中很容易误入歧途，因为情绪冲动或者受到他人的误导而做出错事。作为父母，即使全世界都抛弃了孩子，也不能够抛弃孩子。

孩子做出的一切事情，父母作为监护人都要承担责任。如此想来，当孩子犯错的时候，父母不要马上就站到孩子的对立面，更不要责骂和惩罚孩子，而是应该坚定地和孩子站在一起，在必要的时候给予孩子引导。如果孩子的能力不足以承担责任，那么，父母作为孩子的监护人还要代替孩子去承担责任。这些理解和体谅都要建立在了解事实真相的基础上，由此可见，父母给孩子解释的机会是很重要的。

在给孩子解释机会的过程中，还有一个好处。很多父母当得知孩子犯了错误，马上就会情绪激动，歇斯底里，甚至控制无法控制自己地恨不得当即打骂孩子。其实，在孩子向父母解释的过程中，父母可以以倾听的姿态，了解事实真相，与此同时，也可以让自己暴怒的情绪渐渐恢复平静。情绪就像波浪，也许在巅峰时期是非常短暂的，只要经过很极短的时间，父母就能从失控的状态到自控的状态。从这个意义上来说，给孩子解释的机会，对于圆满地解决问题是非常有好处的。

在现实生活中，经常发生父母因为暴怒而伤害孩子的事情，此后即使再怎么懊悔，也无法让这件事情带来的恶劣后果消失。例如，在上海卢浦大桥上，一个深夜里，妈妈去学校里接孩子回家，得知孩子因为和同学之间发生矛盾被老师批评，就一路上与孩子进行沟通。不知道他们之间具体说了什么，但是在情绪暴怒之下，妈妈把汽车停在卢浦大桥川流不息的车流中，这个时候，她又下车拉开后座的车门，对孩

子说了几句话。等到她上车坐到驾驶座上准备启动的时候,孩子突然拉开车门奔向桥边。这个时候,妈妈意识到危险,紧跟在孩子的身后想要阻止孩子,却在指尖即将碰到孩子衣角的时候,眼睁睁地看着孩子跳下大桥。最终,这个孩子失去了宝贵的生命。如果妈妈能够给孩子一个解释的机会,并且在得知真相之后,理解和体谅孩子做出了某些不当言行,以正面管教的方式对孩子加以引导和帮助,那么相信这个悲剧就是可以避免的。

叛逆期的孩子总会做出一些让父母感到惊喜或者是惊吓的事情,对于这些事情,父母要能够坦然面对。毕竟作为父母培育孩子成长,就应该承担这样的责任和义务,切勿总是把自己与孩子对立起来,动辄就批评和指责孩子,动辄就对孩子的所作所为指手划脚,这是不受孩子欢迎的。又因为叛逆期的孩子心思敏感,自尊心脆弱,所以父母更是要讲究方式方法,才能对孩子良好的教育作用。当双方都情绪激动的时候,父母贡献出耳朵和真心来倾听孩子也许是更好的选择,这样既能够帮助孩子发泄负面情绪,又能够给自己时间平复激动的情绪,从而让事态得到控制,朝着好的方向发展。

## 不要煽起孩子的叛逆之火

青春叛逆期通常在孩子12岁到18岁之间,这意味着叛逆

期的孩子并不会永远叛逆下去，只要过三五年，他们就会渐渐长大，叛逆的心态也会有所好转。然而，这样做的前提是父母要知道孩子之所以叛逆，是因为他们正在进行个性化发展。如果父母不了解这一点，那么对于孩子做出的一些看似叛逆的举动，父母就会小题大做。如果孩子不能在叛逆期完成个性化发展，那么即使将来长大成人，他们也会做出很多叛逆的举动，导致与父母的关系剑拔弩张。所以在孩子叛逆期，父母一定要使用和善而坚定的教育方法对待孩子，坚持对孩子进行正面管教。这样孩子尽管叛逆，却不会因此而走向极端。如果父母能够与孩子之间建立顺畅的沟通，经常对孩子加以了解，也与孩子进行友善的沟通，那么孩子就会更顺利地度过叛逆期。

即便如此，很多父母在面对孩子的叛逆举动时依然会非常恼火，他们甚至会因此而陷入情绪失控的状态，对孩子做出一些过激的举动。在这么做之前，父母应该时刻提醒自己，孩子只是在经历正常的成长过程。父母不妨回想自己在十几岁时的表现，也许就会发现自己表现得还没有孩子这么好呢。这么想来，我们就能够更加心平气和地面对孩子了。

在叛逆期，每个孩子都在努力尝试了解自己的所思所想，看到孩子的努力，也分析孩子在叛逆行为背后隐藏的各种需求，父母唯有进行反思，才会更理解孩子，也才会发自内心地尊重和喜爱孩子。在很多家庭教育中，父母之所以与叛逆期的孩子之间剑拔弩张，关系恶劣，就是因为父母不能摆正心态，

## 第十章 避开正面管教的误区，让教养卓有成效

也不能放松心情对待孩子。他们常常认为孩子做出的一切举动都是针对他们的，都是在故意与他们捣乱。他们还判定孩子现在表现得如此糟糕，长大之后也好不到哪里去。在这样先入为主对孩子怀有偏见的情况下，父母如何能够专注于对孩子进行长期有效的正面管教呢？更不可能得到孩子的信任，也就不会成为孩子的引导者和教育者。

有的时候，父母的教育理念不正确，对待孩子的教育方式方法是错误的，那么对孩子开展教育非但不能起到教育的效果，还有可能会煽起孩子叛逆之火。父母要想与孩子之间有更好的沟通和互动，一定要积极地与孩子进行交流，一定要注意避免煽起孩子的叛逆之火。要做到这一点，就要记住和善而坚定的教育原则，也要采取有效的教育方式对待孩子，才能推动教育积极地向前发展。

具体来说，父母要做到以下几点，才能在教养孩子的过程中，避免激发起孩子的叛逆心，也避免让孩子的叛逆之火熊熊燃烧。

第一点，当孩子进入青春期之后，父母一定要避免对孩子当众责骂。如果与孩子出现了意见分歧，父母也不要试图说服孩子，更不要强求孩子必须服从父母。尤其需要注意的是，千万不要当众羞辱孩子，否则就会伤害孩子的自尊，因而出现更加叛逆的行为。父母对于孩子的一切表现都应该怀有探究的态度，可以以学习的方式寻找孩子做出这些行为的心理线索，最终理解孩子的所思所想，这对于父母与孩子之间建立良好的

亲子关系是非常有帮助的，而良好的亲子关系恰恰是正面管教的基础。

第二点，要把孩子看成是独立的生命个体，也要把孩子放在现当代社会的背景之下去看待。有些父母在和孩子沟通的时候，动辄就会说起自己在青春期的时候如何如何，这样的说法常常会引起孩子的反感。有些孩子甚至会当即反驳父母"时代在发展，社会在进步，不要拿我和你比"。遗憾的是，绝大多数父母都对孩子的反驳不以为然。其实孩子说的是正确的，整个世界都每时每刻都在发生变化，孩子也在不断成长的过程之中，如果父母总是以老眼光看待孩子，甚至强求孩子回到自己青春时代的社会背景中，这又怎么可能对孩子进行与时俱进的教育呢？

第三点，很多父母看到叛逆期的孩子渐渐长大，有些孩子的身高体重甚至已经超过了父母，所以他们会在不知不觉之间把孩子当成成人看待，这一点是极其不正确的。父母要知道，孩子即使长得再高再大，或者能够说出长篇大论的话，他们也依然是未成年人，他们距离成年还有好几年的成长历程要走呢。所以父母要时刻牢记孩子是孩子，也要以对孩子的标准和要求去对待孩子，而不要把孩子当成成人，更不要对孩子提出过高的要求，或者对孩子过于苛刻。

第四点，要坚持反省。很多父母都缺乏反省的精神。在家庭生活中，他们把自己作为权威者摆在高高在上的位置，认为自己是孩子的主宰，有权利对孩子发号施令。这样想的父母非

## 第十章 避开正面管教的误区，让教养卓有成效

常的危险，很容易就会与孩子之间爆发矛盾和冲突。父母必须坚持审视自己的行为，看看自己的某些做法是否会煽起孩子的叛逆之火；父母一定要尊重孩子的个性化过程，要知道，孩子的很多叛逆表现都是个性化过程中正常的表现，所以父母还要时常学习个性化的特征，这样才能更加理解和体谅孩子的言行举止。

第五点，要真正尊重和平等对待孩子。很多父母虽然把尊重孩子作为口号挂在嘴边，实际上他们并没有真正去做。孩子能够感受到父母对他们的态度，父母也要用心地走入孩子的内心要陪伴孩子度过很多艰难的时刻。想与孩子成为朋友，这对父母而言是一个巨大的挑战，但并非意味着不可实现。父母既要用心揣摩孩子，花费时间陪伴孩子，投入精力照顾孩子，也要用尊重赢得孩子的尊重和信赖。

第六点，不要总是惩罚孩子。惩罚不是教育孩子的杀手锏，反而会让教育陷入困境。孩子如果在刚刚开始接受惩罚的时候还有畏惧的表现，那么随着父母惩罚的次数越来越多，他们就会渐渐地放飞自我，破罐子破摔，不愿意再配合父母做好很多事情。在这样的情况下，父母当然会变得被动。父母要采取有效的措施，对孩子进行长期教育，这样才能让孩子健康成长。所以，父母应该花更多的时间用来了解孩子真实的内心，用来陪伴孩子度过很多快乐或者忧愁的时刻，用来与孩子之间构建良好的关系，这对父母很重要，对孩子更加重要。

## 尊重和保护孩子的隐私

当孩子进入叛逆期之后，很多父母都有一个惊奇的发现，那就是在进入叛逆期之前，也就是小学阶段，或者是追溯到幼儿园阶段，孩子是非常乐意与父母沟通的。每天放学之后，他们都会迫不及待地扑到父母的怀里，把在学校里一天之中发生的事情都告诉父母，然而在进入叛逆期之后，也就是大概从初一开始，孩子们变得越来越沉默，他们不愿意把自己的所思所想告诉父母。即使父母询问他们到底在想什么，他们也会选择闭口不言，或者把自己关在房间里躲避父母。让父母百思不得其解的是，孩子宁愿用朋友圈或者是QQ空间把自己的想法昭告世界，却唯独不愿意用三言两语把自己的真实想法告诉面对面的父母。孩子为何一定要这么做呢？父母只要认真思考，就会恍然大悟，这是因为进入叛逆期的孩子有隐私了。

但是孩子为何只对父母保有隐私呢？父母不应该是孩子最信任的人，也是孩子应该敞开心扉对待责的人吗？其实，父母更应该是孩子在遇到任何困惑的时候第一时间就要求助的人。与其对孩子提出这么多疑问，父母们不如选择一种有效的方式与孩子进行沟通，如成为孩子微信上的一个好朋友，或者成为孩子QQ上的一个好友，亦或者是与孩子在微博上进行偶尔的互动，这都比抱怨的效果更好。

进入叛逆期之后，孩子的身心发育速度都非常快，他们

第十章 避开正面管教的误区，让教养卓有成效

的成长速度是不以父母和他们自身的意志为转移的。有的时候家人看到孩子发生了很大的变化，常常会对孩子过于关注，这会使孩子很尴尬。他们也感到很迷惘和困惑，他们想知道自己应该努力做好什么事情，又有哪些权利去做一些与自己相关的决定，他们也在探索，他们想与父母之间建立新的连接。不可否认的是，在所有的家庭里，父母对孩子的要求都高于孩子对自己的要求，父母给予孩子的自由都远远不能满足孩子对自由的渴望。为了减少与父母之间的矛盾和争执，孩子会采取一些变通的方法来做自己想做的事情。例如，父母不允许孩子化妆，那么孩子会把化妆品藏在书包里，在快走到学校的时候找一个地方把自己装扮得非常漂亮；父母不允许孩子抽烟，孩子有可能趁着与同学聚会的机会，和同学在一起偷偷地抽烟，并且互相交流抽烟的感受；父母绝对禁止孩子观看成人电影，但是孩子在叛逆期间的性发展是不可遏制的，所以他们对性怀有好奇，对异性也会更感兴趣，因而他们只能趁着父母不在家的时候偷偷看成人电影，并且赶在父母到回家之前删除网络浏览痕迹；父母看到孩子不愿意和他们交流，就会试图窥偷窥孩子的日记，从而知道孩子最真实隐秘的想法，但是孩子天天把日记本锁起来，而且还把带锁的日记本锁在了抽屉里。在此过程中，他们给自己穿上了盔甲，使自己与父母之间的距离越来越远。当父母有强烈的愿望想要了解孩子，而孩子却在想方设法地保护自己的隐私时，他们就会做出大多数父母都不能接受的行为，那就是撒谎。

撒谎的原因有很多，如果说一些恶意的谎言，目的是伤害别人，当然是不可忍受的，但是叛逆期的孩子之所以经常撒谎，是因为他们内心深处还是很在乎、很看重父母的，他们不想因为自己的举动让父母伤心，所以就以撒谎的方式给父母想要的答案。又因为自我意识的发展，他们迫切地想要更加独立，所以他们会在私底下坚持做自己想做的事情。在青春叛逆期，有些孩子之所以对父母撒谎是出于自保，他们知道父母在得知真相之后会对他们做出恶劣的惩罚行为，所以他们就以这样的方式来保护自己。总而言之，孩子并不愿意撒谎，那么当发现孩子出现撒谎的行为时，父母一定要知道这背后隐藏的真实原因。如果原因出在父母身上，那么父母要改变方式对待孩子；如果原因出在孩子身上，那么父母要以恰到好处的方法方式对孩子加以引导，给孩子更有效的帮助。

不管父母采取以怎样的方式与孩子相处，最重要的就是要尊重孩子的隐私，保护孩子的隐私。还有一些父母不仅喜欢窥探孩子的隐私，还喜欢把孩子的隐私告知他人，要知道这事会让孩子感到非常尴尬。为了保护自己，他们就只能对父母严防死守。在家庭生活中，父母应该为孩子营造一个安全的氛围，从而促使孩子向父母敞开心扉。要知道，如果说真话不会被责备，不会被羞辱，也不会被伤害，不会被误解，那么每个人都愿意说真话，毕竟谎言对于自己的内心也会造成沉重的负担，给自己很大的压力，而只有说真话才能使人感到如释重负。

# 第十章
## 避开正面管教的误区，让教养卓有成效

现实生活中，很多父母都不希望孩子保有隐私，因为这会让他们觉得自己对孩子失去了控制权。其实在孩子进入叛逆期之后，父母与孩子之间的很多争执从本质上来说是权力之争，父母想像孩子小时候一样继续对孩子拥有发号施令和至高无上的权力，而孩子却迫不及待地想要逃离父母。他们想收回主权，想自主地做出决定，做很多事情。父母要弄清楚一点，那就是当孩子绞尽脑汁、不遗余力地想要做一件事情的时候，不管父母多么小心防备，试图防患于未然，孩子最终都会做到这件事情。只不过父母对此浑然无知，所以误以为自己的阻挠大功告成。其实是因为孩子做得非常隐蔽，让父母无知毫无觉察而已。因此，父母要想知道孩子的隐私，要想及时了解孩子的真实情况，就要给予孩子尊重和理解，从而避免逼迫孩子以偷偷摸摸的方式做他们想做的事情。

看到这里，相信很多父母都会感到心情沉重，原本他们就不知道自己应该如何与叛逆期的孩子相处，现在他们就更是觉得叛逆期的孩子随时都有可能点爆家中隐埋的一个炸弹。其实，我们无法每时每刻都陪伴在孩子的身边，我们也不能代替孩子做出所有的决定，处理所有的问题。我们唯一可以做的就是与孩子建立和善而坚定的关系，让孩子知道父母是真正无条件地接纳和深爱他们的，在任何时候都会给予他们支持和帮助。孩子只有拥有了这样的信心，才会在需要的时候投入父母的怀抱，才会在需要的时候向父母倾诉自己的烦恼，也才会在需要的时候积极地向父母求助。

要想获知孩子更多的隐私，就要做到尊重和保护孩子的隐私，父母如果总是想尽办法来窥探孩子的隐私，在得知孩子的隐私之后，又肆无忌惮地到处宣扬，那么最终的结果就是孩子对父母的戒备心理更强，并且不管有什么事情都不愿意告诉父母。这显然不是父母想要的结果。从现在开始，父母要在孩子生命中扮演好崭新的角色，那就是与孩子亦师亦友，能够与孩子保持既亲密又疏离的关系，这一点非常重要。

现代社会中，不仅青春期的孩子很爱面子，很多年纪还比较小的孩子，如小学阶段的孩子，就已经非常自尊自爱，也很看重面子了。曾经，有一个五年级的小学生因为写作文不符合要求被老师批评，下课之后就跳楼了。

不管是老师还是父母，在教育孩子的时候都要讲究方式方法，尤其是不要当着他人的面教育孩子。孩子是独立的生命个体，他们有自己的喜怒哀乐，做事情也有自己的理由。父母家要关注孩子的情绪状态，保证孩子的心理健康，切勿打着爱的旗号伤害孩子。父母要先尊重孩子，孩子才会尊重父母；父母要平等地对待孩子，孩子才会自尊自爱。

作为父母，切勿再迷信"人前教子，人后训妻"的古训，而是要牢记一点，孩子也很爱面子，所以切勿人前教子。要想坚持正面管教，要想顺利地开展家庭教育，我们就要尊重叛逆期的孩子，也要给予他们更大的成长空间，给予他们真正的自由。如果孩子的确做得不好，需要当即教育，那么父母可以带

第十章 避开正面管教的误区，让教养卓有成效

着孩子到僻静的无人之处，提醒孩子要改正错误，这样既起到了教育孩子的效果，又给维护孩子的尊严，而且孩子还会因为感受到父母的良苦用心，而对父母心怀感激，这是一举数得的好方法，父母可以经常采用。

教育孩子从来不是一件简单容易的事情，需要父母非常用心，坚持正确的教育理念，也采取有效的教育措施和教育方法，才能事半功倍。父母对孩子点点滴滴的教育，都将对孩子的成长起到重要的作用，也将对孩子的一生产生深远的影响，所以一定要慎重对待。教育无小事，亲爱的父母们，你们做好准备承担起教育孩子的重任了吗？

## 参考文献

[1]简·尼尔森.十几岁孩子的正面管教[M].北京：北京联合出版社，2019.

[2]简·尼尔森.正面管教养育工具[M].北京：北京联合出版社，2017.

[3]罗佩.6~12岁孩子的正面管教[M].北京：中国妇女出版社，2019.